Mental Träning

BJÖRN JONSSON

MENTAL TRÄNING –

Du är vad dina tankar gör dig till

© Björn Jonsson 2022
Sättning och omslagsutformning: BoD – Books on Demand
Förlag: BoD – Books on Demand Stockholm, Sverige
Tryck: BoD – Books on Demand Norderstedt, Tyskland
ISBN: 978-91-8057-924-7

Innehåll

1.0 Inledning

1.1 Förord

Jag är glad för att du håller boken i din hand. Hoppas du tycker om att läsa den lika mycket som det varit för mig att skriva den. Den är skriven för dig som jobbar i näringslivet eller i den offentliga förvaltningen och känner att du har mer att ge och vill få en hjälp på vägen. Den är även för dig som inte tycker det är så viktigt att göra karriär, utan helt enkelt »bara vill må bra«. Min egen inställning till livet har just varit att må bra. Även om du känner att du mår bra kan du alltid må bättre.

Jag tror att begreppet »du är vad dina tankar gör dig till« påverkar ditt liv i större utsträckning än du är medveten om. I boken tar jag bland annat upp vad du kan göra för att stärka din psykiska hälsa, genom att göra saker som förbättrar din självkänsla som gör att du blir snällare mot dig själv. Ett synsätt som jag förespråkar är att ta fullt ansvar för sitt eget liv. Vi vet alla att vi inte är ansvariga för allt som händer. Om du trots detta tar på dig ansvaret för det som händer dig, blir du också den som har möjlighet att påverka din egen situation.

Jag vill inte att du blir en passagerare i ditt liv, utan en ansvarig förare. I boken ingår praktiska beskrivningar som handlar om mental träning och hur du ska göra för att komma fram till din egen målbeskrivning. Min ambition är att boken ska ge dig verktyg som ger dig bättre förutsättningar att hantera de situationer du möter i livet. Sluta upp med att undra vad andra tycker och tänker. Du har bara ett liv – lev det som du själv vill.

Du får ett större utbyte om du genomför övningarna i boken och funderar på de frågeställningar som dyker upp efter varje kapitel. Prata gärna med andra i din omgivning kring det som tas upp i boken. Din kunskap växer i takt med att du delar innehållet med andra. Då ökar förutsättningarna att få nya infallsvinklar och kanske ett nytt perspektiv på det du nyligen läst. Det viktigaste är att du börjar använda och tillämpa det du lär dig i det dagliga livet. Mitt sätt att se på kompetens handlar just om att kunna tillämpa det jag lär mig, vilket förutsätter att jag är villig att pröva nya färdigheter i min egen vardag.

Jag har alltid betraktat lärandet som en viktig investering inför framtiden, något som pågår under hela livet. En förutsättning för ett långsiktigt lärande är att behålla sin nyfikenhet livet igenom.

1.2   Några ord om författaren

Jag heter Björn Jonsson, är sedan 2019 pensionerad. I samband med pensioneringen skrev jag en bok med titeln »Personlig utveckling«. Under i stort sett hela mitt yrkesverksamma liv har jag fungerat som HR– chef, varit verksam i företagsledningen i de företag där jag varit anställd. Kopplat till att jag skrev boken tog jag också på mig uppdrag som coach i näringslivet.

I min tidigare roll som HR-chef har jag genomfört ett antal ledarutbildningar och fungerat som gästföreläsare på bland annat Umeå universitet och Handelshögskolan i Umeå. För att genomföra bra ledarutbildningar och föreläsningar krävs att jag håller mig uppdaterad om det som skrivs i ämnet. Eftersom det kommer ut en jämn ström av nya böcker kring ämnet ledarskap är det inte möjligt att läsa allt. Stundtals har jag haft som ambition att lyssna på en ny föreläsning varje dag, oftast via nätet, ibland via ljudböcker eller live. Genom åren har jag hunnit läsa en hel del böcker och lyssnat på en massa föreläsningar.

Jag är gift med Christina, och vi har två vuxna söner och tre barnbarn. Vi delar nu vår tid med att vistas i Sverige och i Spanien. Vi trivs med att vara ute i naturen och att gå långa strandpromenader längs havet. Vi spelar båda golf, tycker att golfen är ett bra sätt att vistas utomhus och träffa nya människor.

Vi har också ett lite udda intresse som väcktes under pandemin 2020 och det är Palmemordet. Ett intresse vi delar med andra vi känner. I samband med att vi besökte vår son i Stockholm 2021, gick vi promenaden som paret Palme tog från biografen Grand till korsningen Sveavägen/Tunnelgatan, där han mördades den 28 februari 1986. I samband med den vandringen stötte vi på en annan grupp som var ute i samma ärende. Vi träffade även en journalist som lägger ut en del inslag kring mordet på YouTube. Han höll då på med ett nytt inslag från mordplatsen. Genom vårt intresse har vi lärt oss en hel del om Sveriges nutidshistoria, vad som var aktuellt under 80-talet. Sedan tycker vi det är intressant att ta del av olika funderingar på hur mordet på en sittande statsminister förändrade Sverige.

Vidare har jag ett engagemang som påbörjades under 70-talet som handlar om aktier. Intresset väcktes då jag i mitt första jobb som banktjänsteman kom i kontakt med ämnet. Jag tycker det är lika spännande i dag som då. Intresset gör mig allmänbildad och nyfiken på vad som händer i samhället.

Jag har under många år arbetat ideellt med olika uppdrag mot bakgrund av mina grundvärderingar som handlar om att ge. En del av det ideella arbetet har bestått av att under en femårsperiod fungera som styrelseledamot i KFUM Umeå, varav det sista året som ordförande. KFUM är en idéburen organisation som arbetar med att skapa möjligheter för unga människor.

Jag lämnade uppdraget strax innan jag gick i pension, dels för att ägna mer tid åt min familj, dels för att få tid över till att skriva min första bok » Personlig utveckling«. I samband med pandemin började tankarna på en ny bok att ta form, något som ledde till den här boken som du nu håller i din hand.

2.0 Självkänsla, självförtroende och självbild

»En människa kan aldrig någonsin vara tillfreds utan sitt eget gillande.« (Mark Twain)

2.1 Begreppen

De här begreppen handlar om dina känslor för dig själv, vad du tror att du klarar av och vem du tycker du är. Så fort du hälsar på en annan människa och presenterar dig, skickar du signaler om vem du är och vilken självbild du har. Den du möter uppfattar detta intuitivt och snabbt. Hela ditt kroppsspråk avslöjar dig. Det är inte ovanligt att man blandar ihop begreppen självkänsla och självförtroende.

2.2 Självkänsla

Självkänsla är den grundkänsla du har inför din egen person. Det handlar om hur du värderar dig själv. Om du har en stabil självkänsla känner du oftast att du duger bra som du är. Du har en inre känsla av att vara accepterad. Självkänslan har väldigt lite att göra med vad du klarar av. Den berörs inte heller så mycket av om du får bekräftelse på dina handlingar och prestationer. God självkänsla gör att du lättare står upp för dig och accepterar dig själv. Andra känner sig trygga i ditt sällskap. Du har energi att lyssna på andra och är generös. Man kan säga att den goda självkänslan är som ett inre ankare som gör dig tung i botten och trygg med vem du är – du är snäll mot dig själv. Du ser till att dina behov tillfredsställs och sätter gränser mot andra. Självkänslan växer i miljöer där du får känna dig omtyckt och betydelsefull för andra människor.

En svag självkänsla gör dig mottaglig för kritik och motgångar. För många har en dålig självkänsla kommit i barndomen. Det kan ha hänt i skolan när du fick veta att du inte duger. Du kanske räckte upp handen när fröken frågade om något och de andra började skratta åt dig. Som väldigt liten törs du utsätta dig för betydligt mer än du gör när du blir äldre. Du vill inte göra bort dig och blir därför mer reserverad och lyhörd för vad andra tycker. En dålig självkänsla sitter ofta djupt. Det kan vara svårt att må bra om du har en svag självkänsla. Det tar sig ofta uttryck i en inre dialog där du hela tiden kritiserar dig själv, »Så borde jag inte ha sagt«, »Jag är en misslyckad människa«. Du jämför dig med andra och är aldrig riktigt nöjd. Du är sårbar för oro, depression, ångest, och blir mer upptagen av att försöka göra rätt eller prestera. Då kan det till exempel vara svårt att delta aktivt i sociala sammanhang. Om du har lätt för att tolka händelser negativt får du gång på gång bekräftat att du inte duger. Ofta kan du vara rädd för att misslyckas och avhåller dig från att skaffa nya erfarenheter som kan förändra de tankar och känslor du har om dig själv. Även om andra säger till dig att du som vuxen duger är det ofta svårt att ta in. Det krävs att du själv ändrar dina tankar om dig själv.

2.3 Självförtroende

Vad är då självförtroende? Självförtroendet handlar om att tro på den egna förmågan att prestera, klara av och göra saker. Har du högt självförtroende mår du ofta bra när du klarat av något som är svårt eller gjort något bra. Med fokus på det du presterat får du bekräftelse utifrån som bygger upp ditt självförtroende. Du kan ha olika grader av självförtroende inom olika områden; du kan ha högt självförtroende på jobbet men privat ha dåligt självförtroende vad gäller exempelvis sociala relationer, umgänge, att dansa eller laga mat.

Man kan likna skillnaden mellan självkänsla och självförtroende med ett träd. Rötterna står för självkänslan och grenarna för självförtroendet.

2.4 Självbild

Självbilden sammanfattar vem du tycker att du är. Det kan som exempel bero på uppväxt, intressen, värderingar, temperament eller utbildning. Självbilden påverkar hur du talar, vad du säger och hur du lyssnar. Den handlar också om hur du tror att du uppfattas av andra. Självbilden behöver inte vara helt tydlig eller stämma med vad du visar utåt.

Men det är lättare att umgås med andra när den självbild du har stämmer med hur du uppfattas av andra. Ibland kan det bli riktigt fel. Jag minns en gång då jag pratade med en medarbetare på det företag där jag då jobbade. Hans egen bild av sig själv var att arbetsplatsen inte skulle fungera om han inte var där. Han tyckte dock inte att han fick det erkännande som han enligt egen uppfattning hade gjort sig förtjänt av. När jag stämde av läget med hans kollegor, gav de en helt annan bild. De tyckte inte han bidrog med speciellt mycket, mer att han var ett störande moment för de övriga. Allra bäst fungerade det när han var ledig. Hans egen bild av sig själv matchade inte med kollegornas bild.

Självbilden kan vara olika beroende på vilken situation eller miljö du är i och påverkas även av självkänslan och självförtroendet. Självbilden förändras också genom livet. Självbilden styr vilka beslut du tar i livet och hur dessa beslut kommer att påverka dig, hur du hanterar livet helt enkelt.

2.5 Viktigt med bra självkänsla när du söker jobb

Det är viktigt med en bra självkänsla när du söker jobb. Min egen erfarenhet är att många kvinnor inte litar på sitt eget värde. De tror inte att de duger, att deras erfarenhet och kompetens inte räcker till för tjänsterna de är intresserade av. Många män har i motsats till kvinnorna ofta en överdriven tro på sin förmåga att klara av jobben som är utannonserade. Jag har läst igenom väldigt många ansökningar till tjänster där männen sökt jobbet utan att ens vara i närheten av de krav som nämns i annonsen. Jag minns ett samtal jag fick från en ung man som sökt ett jobb. Under samtalet blev jag varse att han inte på någon punkt svarade mot den vi sökte, något som även han borde ha förstått mot bakgrund av de frågor jag ställde. Trots detta fortsatte han ställa detaljerade frågor om vilka förmåner som gällde för tjänsten, om det ingick tjänstebil eller andra förmåner. Jag tackade för visat intresse och avslutade samtalet.

Vid en genomgång av de ansökningar som kommit in, har det hänt att jag saknat ansökningar från kvinnliga kollegor som jag vet väl svarar mot det vi sökte men som inte lämnat in sin ansökan. När jag frågat om varför de inte gjort någon intresseanmälan, har jag fått till svar att de saknade en detalj som fanns med i kravprofilen.

Personer med låg självkänsla är inte snälla mot sig själva. De letar efter eventuella svagheter och känner sig inte mogna för att skicka in sina ansökningar, eller är rädda för att bli avvisade. Min erfarenhet är att kvinnor som söker svarar ofta väl mot kravprofilen, i annat fall hade de inte sökt tjänsten. Om du blir kallad till en anställningsintervju, gäller det att du förbereder dig väl, läser på om företaget, något som underlättar för dig när du ska beskriva vad du kan tillföra verksamheten. Förbered vilka frågor du själv vill ställa och svara på de frågor som ofta brukar komma. Det är bra om du kan ge konkreta exempel på hur din kompetens kan komma till nytta. Klä dig propert, men du ska känna dig bekväm. Det viktigaste är naturligtvis att du förstår ditt eget värde. Tala om för dig själv att du duger. Om du själv tror på det, kommer det också att lysa igenom vid samtalet.

Det kan mycket väl vara så att en blivande arbetsgivare ser potentialen i dig trots en låg självkänsla. En medarbetare med hög självkänsla kan upplevas som hotande av chefer och ledning. De vet sitt värde, vågar säga nej och sätter gränser. De med lägre självkänsla är lättare att leda och ifrågasätter mindre. De vill också visa sin blivande arbetsgivare sin lojalitet och kommer att jobba hårt för att bli bekräftade.

Det bästa är naturligtvis att jobba för att stärka din självkänsla. En hög tilltro till din egen förmåga gör det lättare för dig att få en känsla av att du duger samt kommer troligen också att medföra en bättre trivsel på jobbet. När du litar på din egen förmåga att möta förändringar och lära dig nya saker blir du mer självgående.

2.6   Exempel på hur självkänslan påverkar

2.6.1 Whitney Houston

Ett exempel på en person med väldigt gott självförtroende men med en låg självkänsla var Whitney Houston. Hon föddes 1963 i New Jersey, hon var en sexfaldig Grammy Award-vinnande sångerska, filmskådespelare och producent. Whitney var en av historiens bäst säljande artister med över 200 miljoner sålda album. I februari 2012 hittades hon död i badrummet i sitt hotellrum i Los Angeles. Hon var bara 48 år gammal när hon hittades död. Obduktionen visade att hon hade drunknat. Samtidigt syntes det att hon hade ett långvarigt kokainmissbruk. Hon levde dessutom i ett destruktivt äktenskap med rapparen Bobby Brown.

Efter hennes död visade det sig också att hon blivit sexuellt utnyttjad i sin ungdom, hennes barndom hade varit väldigt turbulent, med frånvarande föräldrar och mobbning. Drogerna kom in i hennes liv redan i tonåren. Kevin Costner, som spelade livvakt åt henne i filmen Bodyguard, berättade att Whitney ofta funderade över om hon dög. Hon ville vara omtyckt och vara andra till lags. Hennes självbild var helt skev, hon var älskad, uppskattad, hade hur mycket pengar som helst, såg bra ut, sjöng som en gud och så vidare. Trots allt detta tog Whitney sin tillflykt till droger. Lika tragiskt är att hennes dotter gick samma öde tillmötes, även hon led av ett drogberoende och båda slutade sina dagar i ett badkar.

2.6.2 Tina Turner

Ett annat exempel på vad som händer när vederbörande lyckas förändra sin självkänsla. Jag tycker filmen om Tina Turner från 1993 beskriver det på ett bra sätt. Filmen handlar om Tinas liv från svår barndom till en lysande karriär som sångerska men även om hennes våldsamma äktenskap med Ike Turner. Jag tycker om avsnittet i filmen som handlar om hur Tina via en väninna kommer i kontakt med en buddhistisk meditation, som innebär att hon rabblade ett mantra som handlar om den grundläggande verkligheten i allt liv. Mantrat bygger på den universella lagen om orsak och verkan, vilket kort betyder »det vi sår är det vi får skörda«. De handlingar vi utför får konsekvenser. Hon insåg att den enda som kunde ändra på den situation hon var utsatt för, var hon själv. Tidigare försvarade hon sin man för sina vänner, hon sa att hon förtjänade våldet hon utsattes för. Det berodde på den stress hennes man levde med och att hon ställde fel frågor vid fel tillfälle osv. Efter den nya insikten kopplad till orsak och verkan accepterade hon inte längre våldet. I stället för att bara ta emot började hon slå tillbaka.

Tina bestämde sig också för att lämna sin man efter att ha varit föremål för övergreppen under 18 år. Ike sökte upp Tina och hotade med att döda henne om hon inte kom tillbaka. Det han fick uppleva efter besöket var att hon inte längre var rädd, Ike hade tappat greppet om henne. Det enda hon ville behålla i samband med skilsmässan var sitt namn »Tina Turner«. Hon har sålt fler biljetter än någon annan soloartist genom tiderna, hon har även sålt nästan 200 miljoner album och nominerats till 20 Grammys, varav hon vunnit åtta av dem.

2.6.3 Den vita tigern

Ett annat exempel jag tycker beskriver vad som händer när man ändrar sin självkänsla är berättelsen om en ung man som skildras i filmen med namnet »Den vita tigern«. Filmen handlar om Balram Halwai som tillhör en lågt stående klass i Indien. Även om kasterna officiellt är avskaffade, styr de i hög grad folkets tillvaro. Han är född att tjäna, i en miljö som hela tiden berättar för honom att han är mindre värd än de rika. Det är extremt svårt, i princip omöjligt, att ändra på sitt öde. I alla fall om man håller sig till de spelregler som makten har bestämt. Balram anställs som chaufför till en förmögen familj. Som chaufför ska han företrädesvis serva familjens yngste son som är tillsammans med en kvinna som återvänt till Indien efter att ha bott i Amerika.

Det som eskalerar händelsen är när sonen tillsammans med sin flickvän efter en natts festande kör ihjäl en liten pojke. Det är pappan i familjen som tvingar Balram att skriva under ett dokument där han tar på sig ansvaret för olyckan trots att han inte körde bilen. Balram skriver under utan att fundera på vad det innebär, han gör det för att vara lojal mot den härskande över-klassfamiljen. Det är sonens flickvän som bott i Amerika som gör Balram uppmärksam på hur han behandlas av familjemedlemmarna.

För Balram har det varit självklart att han ska tjäna, men han börjar nu fundera över sin situation. Till saken hör också att Balram genom sitt arbete som chaufför får se en ny värld med de möjligheter och rikedomar han aldrig kommer att få del av. Det är när han till slut kommer till insikt om att hans öde inte alltid ska vara att tjäna utan också att ta del i det nya teknologiska Indien som hans liv förändras. Som barn berättade hans lärare att han var smartast i klassen och han såg honom som en vit tiger. Samhället tog dock bort dessa tankar och påminde honom om att hans lott här i världen var att tjäna. Det är nu han på nytt börjar tänka tanken att det finns en annan möj-lig framtid för hans del samtidigt som hans självkänsla på allvar förändras. Han är lika mycket värd som den rika familjen och börjar se sig själv som en blivande entreprenör, något som också blir till verklighet.

2.7 Många företag tjänar pengar på andra människors dåliga självkänsla

Det finns många företag som tjänar pengar på människors dåliga självkänsla, företag som anspelar på hur du ser ut. Företag som säljer smink eller skönhetsbehandlingar använder ofta influensers, fotomodeller och redigerade bilder för att få deras produkter och behandlingar att verka bra.

Andra företag försöker sälja sina produkter genom att berätta historier om vad det innebär att vara framgångsrik, hälsosam, lycklig, och hur deras produkter hjälper dig att bli det. I deras strategi ingår att i sin marknadsföring få dig att känna dig misslyckad, ful, rädd eller skamsen.

Allt fler svenskar gör skönhetsoperationer och skönhetsindustrin växer över hela världen. Erik Galli är journalist och tv-producent. Han har gjort en dokumentär på SVT som handlar om hans egna skönhetsoperationer. Han beskriver i programmet hur han i nästan hela sitt liv jagat ett perfekt utseende och under tio år opererat sig i smyg. I programmet beskriver han sin egen resa med skammen och utseendefixeringen. I programmet medverkar även en trebarnsmamma som reser till Tallin för att genomföra operationer som gör att hon får tillbaka sin kropp hon hade innan hon fick barn. Jag har även tagit del av andra dokumentärer som berättar om hur de s.k. skönhetsresorna utomlands ökar. I USA är det en jättestor »industri«, många liknar ingreppen med att gå till frisören och »klippa sig«. Brasilien verkar vara det land där ingreppen betraktas som en »mänsklig rättighet«, ingreppen utförs även i de »fattigare områdena«, de som vill få ingreppen utförda tar avbetalningslån för att finansiera det hela.

Även om skönhetsbehandlingen inte innebär ett kirurgiskt ingrepp, medför det ofta att kemiska ämnen sprutas in i kroppen och en risk att musklerna skadas vid behandlingen. När det gäller kirurgi ökar riskerna för att något oförutsett inträffar. En grupp forskare i Danmark har specialiserat sig på studier kring bröstimplantat. Deras forskning visar att var femte bröstförstoring leder till komplikationer. Studien visar även att 17 procent av alla implantat går sönder inom 10 år. Andra vanliga komplikationer är kapselbildning. De berättar även att det blir allt svårare att upptäcka cancer vid mammografiundersökningar.

Det tråkiga är att utseendefixeringen tagit fart i takt med att de sociala medierna vuxit. Det är väldigt många, fler kvinnor än män, som identifierar sig med sitt utseende. Det är när de jämför sitt eget utseende med bilder på snygga modeller som framhäver det »rätta«, som känslan av att de inte duger kommer smygande. Vi kan inte jämföra oss med bilderna som visas upp på nätet. Förutom att modellerna är utvalda för sitt utseende är bilderna också »photoshoppade« eller retuscherade. Det gäller inte bara modellerna. Många som lägger ut bilder på sig själva fixar till dem för att de ska se bra ut. Vi skulle naturligtvis må bättre om vi fick jämföra oss med »vanliga« människor som visar bilder på sig själva som de ser ut i »verkligheten«.

Tänk till innan du själv »faller offer« för skönhetsindustrin, jag tror inte på tanken att en plastikoperation ger dig en bättre självkänsla. I programmen jag tagit del av framgår det att det inte går lång tid innan det är något annat på kroppen som behöver åtgärdas, det tar aldrig slut, näsan är för stor, rynkorna måste bort, magen är inte platt nog osv. I dokumentärerna använder man t.o.m. begreppet »totalrenovering«. Vad händer om det som var en förebild vid »totalrenoveringen« inte längre gäller, om idealet förändras?

En viktig insikt är att skönhetsidealen är konstruerade. Under 60-talet var »idealet« en modell som kallades för Twiggy. Hon var 16 år då hon slog igenom 1966. Då vägde hon 41 kilo, var 168 cm lång med en smal kroppsbyggnad, med ett androgynt utseende och kort hår. Twiggy blev ett ideal för unga kvinnor runt hela världen. De kvinnor som då hade lite större bröst ville linda brösten för att de inte skulle vara så framträdande. I dag gäller ett helt annat ideal som till stor del styrs av skönhetsindustrin.

Ovanstående exempel visar på hur skönhetsidealen förändras över tid. Självbilden bygger på dina tankar om dig själv, den bilden skapar i sin tur en känsla, som kallas för självkänsla. Det är svårt att få din vardag att fungera på ett bra sätt utan en bra självbild. Att då bygga självkänslan på ett skönhetsideal som skapas av företag som säljer kosmetiska produkter är mindre lyckat. Tänk på att skönheten beror på vem som tittar, vad som är snyggt eller vackert är relativt. Den stora frågeställningen handlar om lycka är kopplat till utseendet. Talesättet att skönheten kommer inifrån håller långt. Vi vet alla innerst inne att för att må riktigt bra gäller det att ta hand om sitt inre.

2.8 Strategier för att få en bättre självkänsla

2.8.1 Viktigt att jobba med sin självkänsla

Det finns många olika strategier för att få en bättre självkänsla. Du har mycket att vinna på att lägga tid för att stärka din självkänsla och därmed skapa förutsättningar för ett roligare liv. Jag minns att Lars-Eric Uneståhl, legitimerad psykolog och fil.dr. i psykologi i samband med en föreläsning som handlade om personlig utveckling gjorde en koppling till små barn. Han menade att personlig utveckling till stor del handlade om att få tillbaka egenskaper man hade som barn. Jag tycker det är en spännande tanke. Små barn har ofta en bra självbild. En väninna till min hustru berättade att hon hade sagt till sitt barnbarn att »Farmor tycker du är fin«, då barnbarnet svarade »Det är många som tycker det«. Barn skrattar oftare än vuxna. De drar sig inte för att stå framför spegeln och dansa, eller om de blir tillfrågade att vara med och sjunga. Barn har oftast inga problem med att pröva nya färdigheter utan rädsla för att göra bort sig. Om det inte fungerar första gången prövar de på nytt om och om igen. Som vuxen vill man inte göra bort sig och är därför mer reserverad att pröva på nya saker speciellt när någon ser på.

Som tidigare beskrivits är självförtroende och självkänsla olika saker. Det är inte ovanligt att människor med en lyckad karriär som tjänar mycket pengar har en låg självkänsla. Det finns många exempel på framgångsrika människor inom film- och musikindustrin som tagit livet av sig genom sprit och andra beroendeframkallande medel. Det går att träna upp självkänsla enligt nedan.

2.8.2 Träna din sociala förmåga

Du mår bra av att träna din sociala förmåga. Utmana dig själv genom att träffa nya människor. Ett bra tips är att fokusera och visa ett äkta intresse för den du möter. Jag tror vi kan lära oss något i samband med varje möte, se därför mötet som ett tillfälle att lära. Jag skriver mer om ämnet under rubriken »ensam är inte stark«.

2.8.3 Skapa en bra miljö omkring dig

För att må bra tror jag det är viktigt att du skapar en bra miljö runt omkring dig. Vår inre och yttre miljö ska inte underskattas. Personligen tycker jag väldigt mycket om att vistas i naturen. Nu när jag och min hustru är pensionärer tillbringar vi så mycket tid vi kan utomhus.

Ett sätt att skapa en bra miljö omkring dig är att undvika dem som tar energi av dig. Vi har alla personer i vår omgivning som suger energi. Det finns de som vill framstå i en bättre dager genom att trycka ner andra. Du vet att de som vill göra sig lustiga på din bekostnad, har dålig självkänsla. I annat fall hade de inte behövt agera som de gör. Det finns också de som vill lägga över sina dåliga känslor av obehag och olust på dig. Var sann mot ditt liv. Fundera på vilka du umgås med, välj sällskap som tillför energi i motsats till de som tar energi.

2.8.4 Hur du påverkar ditt sinnestillstånd

Hur du upplever ditt liv påverkas till stor del av hur du tolkar din egen situation. Ett bra sätt att rikta uppmärksamheten åt rätt håll är att fundera kring vad du har att vara tacksam för. Ta fram det och tacka dig själv för att du får vara med och uppleva det hela. Vi tar ofta saker för givna, att vi har mat på bordet, att vi har en bostad och förhoppningsvis någon att älska. Det är inte säkert att det kommer att vara för evigt. När pandemin slog till blev vi alla varse hur snabbt förutsättningarna kan ändras. Fundera också över vad det är som gör dig lycklig. På kvällen kan du fundera på vad som hänt under dagen. Vad har du lärt dig? På vilket sätt har den här dagen förbättrat ditt liv?

Genom frågorna du ställer till dig själv påverkas ditt fokus om vad som fungerar och vad du har att vara stolt över. Troligen kommer du att få se mer av det som fungerar om du lägger din uppmärksamhet på det. Tyvärr är det allt för många som hänger fast vid det som gör dem ledsna och irriterade. Det finns alltid någon därute som borde skärpa sig och som inte vet sitt eget bästa. Ditt fokus på det ena eller det andra kommer att ha en direkt påverkan på ditt sinnestillstånd och därmed på de resultat du uppnår. Dina tankar och tolkningar av vad som händer påverkar dig mer än du tror.

Jag har i min tidigare bok »Personlig utveckling« skrivit om något som kallas för »Helhetsmodellen«. Sammanfattningsvis kan man säga att kropp, tanke och känsla är tre delar av samma system. Om vi tar kroppen som ett exempel påverkas din energinivå av om du ställer dig i en »stark position« jämfört med om du går in i »fosterställning«. Du kan ändra ditt sinnestillstånd direkt genom att ändra ditt sätt att röra dig, hur du andas, tempot i talet, rösten osv. Ditt tillstånd har en direkt påverkan på ditt beteende och på vad du presterar.

2.8.5 Vi är varandras arbetsmiljö

En viktig insikt är att »vi är varandras arbetsmiljö«. Rannsaka dig själv på om du är den som tar eller ger energi? Det finns alltid någon på arbetsplatsen som ständigt gnäller på än det ena eller det andra. Hur mycket du än anstränger dig, blir det aldrig bra. Om ni kommer överens om att ha en mindre fest tillsammans stämmer det aldrig för deras del. Just den kvällen går det inte osv. Problemet är att den typen av beteenden smittar, på samma sätt som när du lägger ett ruttet äpple i en korg med i övrigt friska äpplen. Kommer den övriga frukten göra det ruttna äpplet friskt? Troligen inte, den friska frukten kommer också att ruttna. På samma sätt är det med en tråkig attityd, den smittar. I samband med en föreläsning kring arbetsmiljöfrågor fick jag höra talas om en metod som går under benämningen 3:1-metoden. Den har sin bakgrund i ett sjukhus i Amerika, där ledningen hade bestämt sig för att jobba med hur medarbetarna bemöter varandra och patienterna på sjukhuset. Det nya sättet att bemöta varandra kallades för 3:1-metoden. När du är tre meter ifrån den du möter ska du le och när du är en meter ifrån ska du hälsa. När några av läkarna hörde talas om metoden förklarade de att de var anställda som läkare, inte som någon som skulle gå omkring och le. Det låter knepigt men metoden fungerade. Beteendet smittade av sig till läkarna och bidrog till en trevligare atmosfär på arbetsplatsen.

Jag minns också en film som jag såg på YouTube som handlade om en gymnastikföreställning där asiatiska barn skulle hoppa över en träbock. Det gick bra för barnen, tills det bara var en kvar som skulle utföra övningen. Det var en liten och osäker pojke som inte lyckades komma över träbocken. Handledaren gav sig inte, pojken gjorde ett antal försök och blev alltmer osäker och rädd. När han började gråta kom de andra barnen fram till honom och ställde sig i en ring med armarna runt varandra. De ropade uppmuntrande ord och delade med sig av sin energi och värme. När han nu på nytt sprang fram till bocken lyckades han komma över. Omtänksamheten, värmen och energin han fick del av gav honom styrkan som han i den här stunden behövde. Jag fick tårar i ögonen när jag första gången såg filmen och kände att »tillsammans är vi starka«.

Forskarna har länge känt till att vår kropp påverkas av våra känslor, men det är numera också känt att våra känslor påverkas av vår kropp. En av de studier som har genomförts visar att den viktigaste kunskapen inte är den att vi ler när vi mår bra, utan snarare den att leendet sätter i gång en biologisk process som gör att vi mår bra. Det finns även de som menar att när du talar i telefonen och ler slår leendet igenom på rösten. Den du talar med i telefonen »hör« ditt leende.

2.8.6 Tro inte på allt du tänker

Björn Natthiko Lindeblad lämnade en löftesrik karriär som ekonom för att leva som buddhistisk skogsmunk i Thailand. Efter sjutton år i klosterlivet återvände han till Sverige. Några år efter hemkomsten blev han tillfrågad om att fungera som meditationslärare och föreläsare. Intresset kring honom som person och livet han levde som munk har bland annat resulterat i en självbiografisk bok och ett flertal föreläsningar. Jag har tagit del av både boken och föreläsningar som han gett.

Det jag mest har fastnat för är hans visdomsord som handlar om att »tro inte på allt du tänker«. Vi har alla erfarenhet av hur våra tankar rör sig från något som inträffade för flera år sedan till tankar om framtiden. Vi har hela tiden ett konstant flöde av tankar, det kan räcka med att några arbetskamrater står och »viskar« till varandra som tankarna kommer flygande, och du börjar fundera på vad de pratar om.

Till stor del handlar våra tankar om det som hänt. Det kan vara ångest för något vi gjort eller sagt samt oro för framtiden. Det får till följd att vi inte befinner oss i nuet, och får därmed inte uppleva det som händer i stunden. Mellan åttio och nittio procent av våra tankar är återkommande, de är oftast negativa och destruktiva, till stor del också skadliga för oss.

Hjärnan hjälpte oss att klara livhanken när vi levde på savannen för 40 000 år sedan. Den larmade oss när vi upplevde en fara och hjälpte oss att överleva. Det värsta som kunde hända var att bli lämnad eftersom det ökade risken för att bli uppäten av ett rovdjur. När vi utsätts för tanken på att bli lämnade förbereder sig kroppen på en potentiell attack eller flykt. Under jägarsamhället var mannen i regel ansvarig för jakten, medan kvinnornas ansvar i första hand var att ta hand om barnen och att samla in ätliga växter i den närmaste omgivningen. Efter dagens mödor som pågick några timmar om dagen ägnade de sig åt umgänge och vila. I dag pågår vår koncentration på arbetet och att bevaka våra sociala medier dygnet runt. Vi får aldrig vila. I dag blir vi ständigt påminda om arbetet via e-meddelanden och för att inte tala om all trafik via sociala medier. Vi bedöms av omvärlden på ett sätt som inte ägde rum för 20 till 30 år sedan. Många forskare menar att sociala medier är en källa till ökad stress. När vi ser alla tillrättalagda festbilder är det lätt att känna sig underlägsen. När vi upplever psykisk smärta är det ganska likartat som vid fysisk smärta i hjärnan. Av genetiska skäl har människan i regel lättare till fler negativa än positiva tankar och känslor, beroende på att de är så starkt kopplade till beredskap och överlevnad. Det vi i dag söker är gillande och bekräftelse för att känna tillhörighet. Eftersom vi i grunden har fler känslor som handlar om kamp för överlevnad smittar negativa tankar mer än de positiva.

Problemet med alla dessa tankar gör att vi inte mår bra. För många innebär det att hjärnan inte går att »stänga av«, ältande leder till oro som i sin tur leder till mer ältande. Om du inte blir tillfrågad om att hänga med när arbetskamraterna går i väg för att äta lunch, kanske du börjar fundera på varför de bara drog i väg. Du börjar fundera på det hela och dina tankar påverkar dig känslomässigt, vilket gör att du börjar må dåligt. Den verkliga anledningen till att arbetskamraterna gick i väg utan dig kan mycket väl vara att de trodde att du redan hade gått med något annat sällskap eftersom de inte kunde hitta dig, eller av vilken anledning som helst utan att det har med dig att göra. Det är således tolkningen av händelsen som påverkar dig mer än själva händelsen.

Det är nu som visdomsorden om att »tro inte på allt du tänker« kommer till nytta. När du kommer till insikt om att våra tankar om något som hänt inte är »verkligheten«, de är bara tankar som finns i vårt huvud, på samma sätt som en illusion. Det enda som i »verkligheten« existerar är nuet, inte dina tankar om det som hänt tidigare och inte heller dina tankar om det som ligger i framtiden.

Eckhart Tolle är en tysk-kanadensisk självhjälpsförfattare och föreläsare. Han har sagt att han var deprimerad under en lång tid, men vid 29 års ålder upplevde han en »inre förvandling«. Han flyttade sedan till Nordamerika där han skrev sin bok »Lev livet fullt ut« som blev en bästsäljare i USA. Han uttrycker i boken att det bara är i nuet som vi kan hitta glädjen och kan omfamna vårt sanna jag. Han säger att det är endast i nuet som du kan uppleva livets flöde. Rådet är att släppa ditt inre motstånd mot det som är. Om du levt tillräckligt länge vet du att saker och ting »går fel« ganska ofta. Det är då du behöver praktisera att ge dig hän om du vill slippa smärta och sorg. Sedan kan du mycket väl ta tag i det som behöver ordnas rent praktiskt. Men för att göra det krävs att du befinner dig i nuet. Du accepterar det som hänt för att sedan skrida till handling.

Även Björn Natthiko Lindeblad ger rådet att släppa taget. Han säger att som munk tränas man i att förhålla sig till osäkerhet. Som munk lärde han sig leva utan tillgångar, om han skulle resa någonstans var han tvungen att vänta tills någon kom fram och erbjöd sig att betala biljetten. Han lärde sig också att leva med tillit, han visste att de mörkaste stunderna inte varade för evigt, efter regn kommer sol.

2.8.7 Ta fram alternativa lösningar på de problem du möter

Begreppet NLP är en förkortning av Neuro Linguistic Programming. *Neuro-* står för hjärnan, och uttrycket som helhet syftar på hur den organiserar våra liv med hjälp av språk (*-linguistic*) och hur detta styr våra beteenden (*programming*). Det jag tycker är intressant med NLP är att det är en väldigt pragmatisk modell.

Inom NLP finns ett begrepp som kallas för »Reframe«, vilket i korthet innebär att försöka skapa alternativa tolkningar av en situation. Exemplet jag närmast kommer att tänka på är en kvinna i 40-årsåldern som ville hitta någon att gifta sig med. Med tiden blev hon frustrerad. Hon började tro att det var något fel på henne. Sedan började hon bli övertygad om att »Gud inte ville att hon skulle bli en bra mamma«. Efter samtal med en psykolog började de tillsammans lista alternativa förklaringar, som exempelvis att hon var ovan vid att dejta. Ett annat alternativ kunde ju vara att männen i hennes omgivning också var ovana vid att dejta. Hon var heller inte van vid att ta kontakt med det motsatta könet. Hon tog till slut risken med att ge sig ut i det okända. Det tog sedan inte lång tid innan hon hittade en man i sitt liv som hon ville leva med.

Begreppet kring »Reframe« går ut på att hitta alternativa sätt att tänka kring ett problem. Det finns en övning som går under benämningen »Sex pack« som innebär att du ska hitta sex alternativa tolkningar kring problem du möter i din vardag.

När du prövar olika alternativa lösningar till ett problem i likhet med kvinnan som inte hittade en partner är det en fördel om du tar fram förslag på lösningar som du kan agera efter. Att det är något fel på dig, är inte till någon hjälp i det fortsatta arbetet.

Ibland behöver man inte dra det så långt som till att hitta sex olika alternativ. Ibland kan det räcka med att hitta en alternativ lösning eller ett annat sätt att se på en situation. Ett sätt att tänka som lyfter fram det positiva i händelsen. Om vi tänker oss att mannen i familjen kommer hem och irriteras över att det står många skor i hallen som är i vägen. Han förargas över det hela och blir sur på barnen som inte lärt sig att få ordning på skorna. När sedan frun kommer hem blir hon glad över att se så många skor i hallen. Hon gläds över att barnen har många vänner som vill komma hem till dem, i stället för att barnen ska vara ute på kvällarna och ställa till problem.

Försök få perspektiv på det som händer. Om du som exempel hamnar i en bilkö och du känner dig mer och mer irriterad. Du har bråttom och behöver komma fram i rätt tid. I stället för att välja att bli irriterad och arg kan du välja att tänka på det som är bra i situationen. Du har en bil, du kan ta dig tid att lyssna på ljudboken du annars inte har tid med. Du kan välja att börja reflektera över lite svårare frågeställningar som du normalt inte gör osv. Jag vet att det låter lite överdrivet, men att välja ilska och irritation tillför inget bra, du blir dränerad på energi. Du kommer heller inte fortare fram utan snarare ökar risken för att du gör något oöverlagt som att försöka byta fil flera gånger vilket ökar risken för att du krockar.

Jag och min hustru befinner oss i skrivandes stund i Spanien. Det har för ovanlighetens skull regnat en hel del. När vi såg på väderleksprognosen insåg vi att det skulle regna en hel vecka, något som irriterade oss. Efter lite eftertanke insåg vi att området var i stort behov av vatten. Det hade inte regnat på fler månader och det fanns risk för en eventuell vattenransonering. Med den insikten var vi nu glad över att det regnade och såg fram emot all den grönska som skulle komma efter regnet.

Att ställa rätt frågor till dig själv utifrån det som händer är oftast inte lätt. Det kan ju röra sig om väldigt stora ingrepp i ditt liv som att förlora ditt jobb. I stället för att gräva ner dig i sorg över det, kan du börja lista vad som är bra i det som händer. Du kan till exempel tänka på vad som krävs för att få ett nytt jobb. Kanske det här är möjligheten du länge tänkt på men som du inte tagit tag i tidigare. Försök hitta en positiv intention i det som händer. Det viktiga är att du får kraft och kan ta tag i det som behöver göras.

Ett uttryck som jag nyligen hörde är att du inte kan ge något som du inte har. Om du vill ge dina barn trygghet och lugn, krävs att du själv är trygg och lugn. Om du inte själv känner dig älskad är det svårt att ge kärlek till andra. Ta hand om dig själv för att i din tur kunna hjälpa andra, i likhet med instruktionen som ges på ett flygplan innan start. Om syrgasmasken »faller ner« ska du själv först ta på dig masken innan du hjälper den som sitter närmast dig.

Vi har alla en inre röst som talar till oss. I den dialogen är det viktigt att du ställer bra frågor till dig själv. Undvik frågor som »Varför händer detta mig?«. När du ställer den frågan till dig själv, kommer du att få ett dåligt svar. Ett svar som troligen förstärker en dålig självkänsla. Om du frågar vad du kan lära av det som hänt får du ett helt annat svar. Då blir ditt fokus på lärande som bygger självkänsla.

Självkänslan stärks naturligtvis också av bra resultat. Tillåt dig själv att känna efter vad du har gjort för dig och för andra. Det är också bra om du tror på det som du jobbar med. Om du inte själv tror på det kommer du inte heller att lägga ner den tid och energi som krävs för att lyckas. Om du som säljare inte tror på att du kommer att sälja kommer du troligen inte heller att göra det. Det är också viktigt att det du sysslar med stämmer med dina egna värderingar och vad du själv vill ska hända, inte vad andra vill att du ska göra.

2.8.8 Proaktivt språk

> *»Folk skyller alltid på omständigheterna för vad de själva är. Jag tror inte på omständigheterna.«*
> *(George Bernard Shaw)*

I min första bok lyfter jag vikten av ett proaktivt språk kopplat till ämnet kommunikation. Nu tar jag upp ämnet kopplat till hur det påverkar din självkänsla. Att vara proaktiv innebär att du tror på din förmåga att påverka dina omständigheter till skillnad från att du enbart reagerar på det som händer. En förutsättning för att ha ett proaktivt språk är att du inser och tror på din förmåga att göra aktiva val. Motsatsen är en upplevelse att någon annan väljer och du får finna dig i de val som görs.

I stället för att enbart reagera på yttre omständigheter som till exempel på andras humör och känslor kan du ta dig friheten att själv välja din respons. Du kan välja att ignorera vederbörande om du tycker det är lämpligt eller göra ett aktivt val som till exempel att konfrontera den som stör.

Ett sätt att genom språket öka din självkänsla är att använda ett mer aktivt språk som innebär att du tar ansvar för vad du tycker, tänker och gör. Ett vanligt exempel som brukar nämnas i det här sammanhanget är uttrycket »jag måste städa«. Du behöver inte städa, du kan naturligtvis välja att ha det smutsigt och otrevligt hemma. Om du däremot väljer att ha det rent för att nå det resultat du önskar kommer du att städa. När du använder ordet måste tar du bort valmöjligheten och lägger ansvaret utanför dig själv.

Det har blivit allt vanligare att använda ordet »man«. »Man orkar inte jobba kvar här.« »Man trivs inte här.« Ordet »man« drar uppmärksamheten från det personliga ansvaret. Börja ta ansvar för vad du tycker, använd »jag« i stället för att säga »man« när du vill uttrycka din egen åsikt eller dina egna känslor. Våga säga vad du anser innan du vet vad de andra tycker. Lita på att dina åsikter duger.

2.8.9 Du måste tro på det du säger

Jag såg en väldigt annorlunda tv-intervju med Bill Gates som var upplagd på YouTube. Det var en kvinnlig journalist från PBC som intervjuade Microsoft-miljardären Bill Gates. PBC är ett icke vinstgivande nationellt nätverk, uppbyggt av cirka 350 medlemsstationer spridda över hela USA. De ville intervjua Bill Gates om hans filantropiska arbete. Efter ca tio minuter där Bill berättade om sitt arbete, frågade reportern plötsligt Bill Gates om hans förhållande till en känd finansman och dömd pedofil, Jeffrey Epstein. Journalisten Judy Woodruff beskrev bakgrunden till frågan. Det hade blivit känt att Bill Gates haft en serie möten med Jeffrey Epstein.

Det blev uppenbart att Bill Gates stördes av frågan, det märktes på kroppsspråket och tonen i rösten. Jag uppfattade det som att han stammade, han började klämma ihop sina fingrar, ögonen rörde sig mot sin assistent som ett rop på hjälp. Bill Gates svar på frågorna handlade om att Jeffrey Epstein haft relationer med förespråkare för global hälsa. Bill Gates kroppsspråk gav uttryck för något helt annat, det var som ett barn som blir upptäckt med fingrarna i syltburken. Frågan om Bill Gates relation till Jeffrey Epstein var väldigt känslig. Det går rykten om att Melinda Gates skilsmässa från Bill Gates delvis har att göra med hans förhållande till Jeffrey Epstein som omgett sig med unga lättklädda flickor. Det är sällan man ser en så »mäktig person« som Bill Gates uppträda så osäkert.

Om du ska framstå som trovärdig i ett samtal eller i en anställningsintervju måste du själv tro på det du säger. Om du själv tvivlar kommer det att lysa igenom på ett eller annat sätt. Rösten och kroppsspråket avslöjar dig, det lyser även igenom i ett telefonsamtal.

2.9 Du behöver inte andras gillande

Egot är din sociala mask och den roll du spelar för att bli omtyckt och svara mot den bild du tror att andra förväntar sig av dig. Ditt ego lever för att bli bekräftat av andra, något som frodas mer än någonsin i tider av ett ständigt sökande av gillande i sociala medier. Om din trygghet består i att få bekräftelser för vad du gör och presterar ökar risken för att du inte får leva ditt eget liv och känna dig trygg i att vara den du egentligen är.

Egot gör också att du vill jämföra dig med andra, i den jämförelsen vill du framstå som bäst. Har grannen skaffat sig en ny bil, måste du också skaffa något liknande. Det är inte heller ovanligt att vid fikabordet, när någon berättar om en upplevelse hen varit med om, dröjer det inte länge innan du drar till med en ännu mer fantastisk händelse.

Med en bra självkänsla blir det inte lika viktigt att hela tiden vara andra till lags. Det blir inte lika viktigt att söka andras gillande. Vi tycker alla om att få erkännanden från andra, det känns bra när någon ger oss beröm och komplimanger. Gillande är inte ohälsosamt, jag tillhör själv gruppen som tycker om att få andras gillande. Att däremot söka gillande är inte bra, det leder ofta till ett osunt beteende. När sökandet efter gillande blir ett behov, ger du upp en del av dig själv till den person vars gillande du måste ha. Om den eller de visar sitt ogillande blir du väldigt sårbar. Att vara beroende av någon eller några är en sak, men om du söker det hos många, då kan du räkna med en hel del besvikelser i ditt liv.

Du kan inte behaga alla, vad det än handlar om kommer minst 50 procent att ha en avvikande uppfattning. Du behöver inte gå längre än till hur det ser ut inför ett politiskt val, när du följer debatten märker du alla meningsskiljaktigheter som finns. Du kan aldrig fly från ogillande, oavsett hur mycket du än önskar att det ska försvinna. För varje åsikt du har, finns det någon där ute som har motsatt åsikt. Med den insikten kan du börja se ogillande i ett nytt ljus. Du behöver inte modifiera din åsikt för att vinna gillande eller för den delen bli sårad för att din åsikt inte stämmer med motparten.

Mitt eget sätt att förhålla mig till en avvikande uppfattning är nyfikenhet. Jag försöker inte bevisa att jag har rätt enbart för att »vinna« en diskussion, utan brukar försöka förstå hur den andra personen tänker. Detta leder ofta i sin tur till att motparten blir nyfiken på hur jag tänker. Om det finns ett äkta intresse i diskussion kan det leda till att vi båda lär av varandra. Jag utgår inte från att någon har rätt eller fel. I mitt sätt att se på världen finns det sällan en absolut sanning, det handlar om hur vi tolkar det vi ser och upplever. Om du skär ut en skiva från en limpa kommer du inte ifrån att den består av två sidor.

Om du verkligen vill ha andras gillande och det var möjligt att få det. Vilket skulle då vara det bästa sättet att få det? Tänk på en person i din omgivning som verkar få mest gillande. Hur beter sig den personen? Vad är det hos hen som tilltalar dig? Du tänker antagligen på någon som är öppen, rakt på sak och frispråkig, oberoende av andra människors åsikter. Personen har troligen liten eller ingen tid över för sökande efter gillande. Det innebär inte att det är någon som vill såra andra med avsikt, bara en individ som tycker att takt och diplomati är mindre viktigt än ärlighet. Det ironiska är att de som verkar få det största gillandet här i världen är de som aldrig söker efter det, som inte hungrar efter det och som inte är upptagna med att försöka nå det.

Övning:

Läs in nedanstående text som handlar om självkänsla. Lyssna på din inspelning när du får tid och möjlighet. När du läst om ditt »mentala rum« under kapitel 7 och kan förflytta dig dit, och lyssna på inspelningen.

Jag uttrycker nu mina tankar, åsikter och känslor fritt men taktfullt. Jag njuter av att träffa nya människor och jag möter dem otvunget och väl till mods. Jag visar nya och gamla bekantskaper att jag är vänligt inställd och att jag tycker de är viktiga. Jag berömmer andra generöst och uppriktigt. Från och med nu kommer kreativa idéer till mig både när jag önskar det och när jag minst av allt väntar det. De hjälper mig att öka min produktivitet. Jag värdesätter dessa idéer och belönar mig själv genom att förvandla idéerna till handling, vilket resulterar i att jag snabbare når mina mål.

När jag samtalar eller diskuterar med människor, enskilt eller i grupp, talar jag med auktoritet och övertygelse om de ämnen som jag är väl insatt i. Tack vare att jag roat och intresserat läser, studerar och lyssnar till ämnen som jag måste vara insatt i och kunna något om, har jag förmåga att snabbt absorbera information och jag kan vid framtida behov perfekt och omedelbart i minnet återkalla denna information och kunskap.

Just nu känner jag mig underbart entusiastisk över mitt liv och mitt arbete och jag agerar mycket entusiastiskt. Jag vet att entusiasm är smittsam och eftersom jag fortsätter att känna mig och agera entusiastisk kommer andra människor att smittas av min entusiasm.

Att fundera över:

- Självkänsla handlar om hur du värderar dig själv. Varför är det viktigt att ha en bra självkänsla?
- Vad är skillnaden mellan självkänsla och självförtroende?
- Vad tror du ligger i visdomsorden »tro inte på allt du tänker«?
- Tror du på Eckhart Tolles påstående om att det bara är i »nuet« som vi kan hitta glädjen och omfamna vårt sanna jag?
- Vad tror du ligger bakom rådet att ta fram »alternativa lösningar« på de problem vi möter?

- Vad är fördelen med att använda ett »proaktivt språk«?
- Tänk på en person i din omgivning som verkar få mest gillande. Hur beter sig den personen? Vad är det hos hen som tilltalar dig?
- Vad tror du det var som gjorde att Tina Turner kunde frigöra sig från sin man Ike Turner?
- Tror du det är möjligt att få allas gillande?
- Varför tror du det är så många företag som tjänar pengar på andras dåliga självkänsla?

Egna anteckningar

_____

_____

_____

_____

_____

_____

_____

Att göra:
- Vi mår alla bra av att träna upp vår sociala förmåga. Utmana dig själv genom att träffa nya människor. Bestäm dig själv för att ta kontakt med den som du så länge velat träffa.
- När du stöter på ett problem, skriv ner sex olika alternativa tolkningar kring problemet som du stött på. Ta sedan fram olika alternativa lösningar på problemet.
- Ett bra sätt att rikta uppmärksamheten åt rätt håll är att fundera kring vad vi har att vara tacksamma för. Vi har alla något att vara tacksamma för. Skriv ner det du har att vara tacksam för.
- Gör något varje dag som du tycker om och som stärker din självkänsla.
- Börja ta ansvar för vad du tycker, använd »jag« i stället för att säga »man« när du vill uttrycka din egen åsikt eller dina egna känslor.

3.0   Härskartekniker

»Det som inte dödar mig, gör mig starkare.«
(Johann Wolfgang von Goethe)

3.1   Kort bakgrund

Jag skriver inledningsvis om begreppet självkänsla. Den påverkas till stor del av vad vi blivit utsatta för. Det finns former av kränkande negativa handlingar mot en eller flera som kallas för härskartekniker. Resultatet blir att de som utsätts hamnar utanför gemenskapen. När begreppet blev allmänt känt på 1970-talet genom Berit Ås, professor i socialpsykologi, handlade det om på vilket sätt kvinnor blir härskade av män, i dag pratar vi om hur alla kan utöva makt över andra. Jag har läst att begreppet ursprungligen myntades av psykologen och filosofen Ingjald Nissen 1945 i ett verk som beskriver nazisternas maktövertagande i Tyskland. Han beskriver hur olika sociala manipulationer går till, hur en grupp eller en person förstärker sin position i en hierarki genom att på olika sätt underminera andra grupper eller enskilda individer.

Jag kommer att gå igenom härskarteknikerna samt beskriva hur du ska agera för att inte bli utsatt för dem. Det är lättare att identifiera härskartekniker på avstånd när man själv inte deltar i kommunikationen, det är svårare att uppfatta teknikerna när du själv är den som utsätts för dem. Det kan även vara du som omedvetet utsätter andra för samma sak. Jag kan också tänka mig att allt fler blir utsatta via sociala medier, där många uttrycker sig öppet och utan hämningar. Rent mentalt tror jag det underlättar om du utgår från att den som utsätter dig för det hela gör det omedvetet, det blir då lättare att ha distans till det som inträffar och du kan då möta det hela på ett »kyligare sätt«.

När begreppet blev allmänt känt handlade det om fem uttryck för härskartekniken, numera pratar man om sju, men listan utökas hela tiden beroende på vad man lägger in i begreppet. Det finns en risk för att konceptet blir urvattnat om allt kallas för härskartekniker. Den som ger uttryck för ett ogillande kan mycket väl uttrycka konstruktiv kritik.

3.2 Exempel på härskartekniker

3.2.1 Osynliggörande

Osynliggörande går ut på att osynliggöra dig och ge dig ett intryck av att du inte finns eller att det du har att säga inte är viktigt. Tanken med den här tekniken är att du ska känna dig osäker, betydelselös och mindre viktig. Det finns många sätt att göra någon osynlig, du blir inte omnämnd i tacket till arbetsgruppen som gjort något bra, trots att du varit en viktig kugge i det arbetet. Någon tar ordet, trots att du just börjat prata. Idéstöld, du föreslår något som inte uppmärksammas, sedan kommer samma förslag från en annan deltagare som får beröm och gruppen tar beslut på förslaget som egentligen är ditt. När du ska hålla ditt anförande börjar några i gruppen viska till varandra eller börjar gäspa. De kan också börja kolla i sin mobil, eller i sin dator osv. Inga frågor ställs när anförandet är över. En annan form av subtilt osynliggörande är när några i gruppen börjar prata om något som inte omfattas av den andre som då blir utanför gruppen.

<u>Motstrategi</u> – En motstrategi för osynliggörande teknik är att ta plats. Om du är den som ska hålla anförandet kan du mycket väl vara tyst tills alla slutat prata, eller ställa frågan till de som pratar om vad som är så viktigt att det inte går att vänta med. Om någon tar ditt förslag under mötet kan du säga – vad kul att du gillar mitt förslag. Visa inte din ilska eller din frustration utan med ett artigt lugn och självsäkert beteende. Min egen erfarenhet är att med artighet och respekt kommer du långt. Sätt ord på det som sker och sätt gränser för vad du accepterar. Pröva att sätta gränser i din vardag där du känner dig trygg för att därefter tillämpa gränssättandet i en vidare krets.

3.2.2 Förlöjligande

Förlöjligande tekniker är när någon skrattar åt ett uttal, eller kallar någon »lilla gumman« med en röst som du talar med till ett litet barn. Det är betydligt vanligare att kvinnor utsätts för den här typen av beteenden. Det finns många så kallade roliga historier om kvinnor som »pladdrar«, »skvallrar«, kallas för hysteriska fruntimmer och liknas ibland med höns, skator, kossor, suggor osv.

Även om förlöjligande tekniker är tänkta att vara roliga och skämtsamma, sker det på din bekostnad.

<u>Motstrategi</u> – En motstrategi för att bemöta förlöjligande tekniker är att ifrågasätta personen eller personerna som försöker förminska eller förlöjliga dig. Skratta inte med, bred ut dig och låt inte skämtet passera obemärkt. Ställ förtydligande frågor. »Vad menar du med det?« Upprepa det motparten sagt ord för ord och be om en närmare förklaring. »Vänta nu, vad var det du sa? Förstår jag dig rätt? Menar du verkligen det? Förklara dig?« Håll dig lugn och logisk och gör klart att du inte accepterar beteendet.

3.2.3 Undanhållande av information

Det är alltid viktigt att ha tillgång till information, att inte dela med sig av den innebär makt för den som har informationsövertaget. Det kan vara något så enkelt som att du inte får möteshandlingar, protokoll, utskick i rätt tid eller inbjudningar till mer informella möten där de viktiga frågorna avhandlas. Om du inte vet var ett möte äger rum och du kommer för sent, kanske beslutspunkterna är avklarade innan du är på plats. Om några av gruppmedlemmarna brukar spela fotboll tillsammans och där diskutera de frågor som ska behandlas på arbetsplatsmötet nästa dag. Då uppstår en situation där några har mer information än de övriga. Risken är då stor för att de som deltog redan kommit överens om hur de vill hantera de ärenden som ska avhandlas.

Motstrategi – En motstrategi för att hantera undanhållande av information är att ifrågasätta de beslut som tas utan din medverkan. Om det finns informella grupper där besluten tas, kan du ifrågasätta varför det är så och undersöka om det är fler som också undanhålls information. Ställ krav på en bättre beslutsprocess. Det är ett chefsansvar att den fungerar och att informationen når de som är berörda.

3.2.4 Dubbel bestraffning

Dubbel bestraffning handlar om att det blir fel oavsett vad du gör. Den som utövar härskartekniken säger att du är för långsam, ödmjuk eller snäll. Nästa gång får du höra att du är för hetsig, tjatig och makthungrig. Om du är noggrann och vill ha ett bra beslutsunderlag får du höra att du är petig och har ett kontrollbehov. Om du däremot inte gör kontrollerna får du höra att du är slarvig och oseriös. Privat kan det handla om att den du lever med säger åt dig att börja träna och ta hand om din hälsa. När du sedan börjar träna två kvällar i veckan får du höra att du aldrig är hemma på kvällarna.

Motstrategi – Som motstrategi kan du i dialog med din chef gå igenom vilka prioriteringar som ska gälla. Kan också vara en fördel om du meddelar din chef när du ändrar din prioritering. Om du upplever att det saknas tydliga målsättningar kan du göra din chef uppmärksam på det. Om målsättningarna finns kan du föra en dialog om att få en tydlig delegering så att du själv får bestämma hur arbetet ska utföras. I exemplet med att du börjar träna på kvällarna, kan du föra en dialog om hur det ska gå till rent praktiskt. Föreslå att den du lever med följer med dig på träningen om det är möjligt för att få ett stöd i arbetet med att komma i form.

3.2.5 Påförande av skuld och skam

Ett exempel på detta är om någon blivit utsatt för sexuella övergrepp eller blivit misshandlad. Då kan skulden hamna på offret genom att påpeka olämplig klädsel vid övergreppet eller att offret befann sig på »fel« plats vid brottet. Skammen och skulden påförs utifrån och du börjar känna dig misslyckad. Det kan handla om en så enkel sak som att du får kritik för att inte ha bokat sammanträdesrummet för mötet som ska hållas, trots att du inte fått information om när det skulle äga rum. Den som skuldbelägger vill själv inte ta ansvar för problemet. Du tar på dig problemet och känner av skulden och skammen för att sammanträdesrummet inte blev bokat. När ingen lyssnar på dig vid sammanträdet, tar du på dig skulden. Du börjar känna att det ligger på dig själv för att du är så otydlig.

Motstrategi – För att inte bli påförd skuld och skam, är det viktigt att du blir medveten om varför du känner skuld i situationen. Försöker någon vältra över sin egen ångest på dig? Ligger felet i hur arbetet är organiserat? Fundera över varför du känner skuld och skam över det som inträffat. Hur såg situationen ut?

3.2.6 Projiceringsmetoden

Ett exempel på projiceringsmetoden kan vara att du går in till en kollega och tar upp enligt din uppfattning en saklig kritik som rör ett gemensamt ärende. I stället för att sakärendet diskuteras får du tillbaka ett motangrepp som kan handla om dig som person i stil med »Du är alltid så gnällig«. Fokus förflyttas från det du vill ta upp till att försvara dig själv som person.

Motstrategi – Gå inte i försvar i den här typen av situation utan flytta tillbaka fokus till ärendet som du tog upp: »Det här handlar inte om att jag är trött eller gnällig«, eller »Det kan vi ta sen. Nu pratar vi om det här ärendet.«

3.3   Reflektion kring ämnet härskartekniker

Det som gör det ämnet svårt är just att det ofta sker på ett subtilt sätt. Det kan handla om icke verbal kommunikation som genom en överlägsen blick, menande blickar mellan olika deltagare, avfärdande gester eller ignorerande uttalanden. Hur bemöter du en överlägsen blick? Eller när någon vänder bort blicken när du talar och tar fram sin mobiltelefon? Det vanliga är att man blir ställd. Det är först när du fått distans till det hela, långt efter att händelsen inträffade, som du vet hur du borde ha agerat. Då är det för sent.

Jag tycker mig se en hel del av härskartekniker bland politiker. En som gjort sig känd på det här området är Donald Trump. Jag kan mycket väl tänka mig att Hillary Clinton behärskar området, men i presidentkampanjen 2016 mot Donald Trump mötte hon en motståndare som tog ämnet till en helt ny nivå. Med sin retorik förminskade han henne. Han drog sig inte för att säga att hon var opassande som president och en dålig människa. När Donald Trump beskylldes för sexuella trakasserier, flyttade han fokus till Hillary Clinton och tog upp de övergrepp som hennes man Bill Clinton var beskylld för under sin tid som president. I debatter mot Hillary Clinton kunde Donald Trump avbryta när helst det passade honom. När hon pratade kunde han gå omkring och göra miner och flacka med ögonen på ett störande sätt.

I vår vardag behöver vi troligen inte möta den här typen av »härskare«. Ofta är den som utövar härskartekniken omedveten om att den äger rum. Det gör det naturligtvis inte mindre allvarligt, resultatet blir detsamma. Den som drabbas får uppleva samma obehagskänsla som vid en medveten handling.

När någon är oförskämd mot oss är vår första reaktion att skydda vårt ego. Om du blir arg låter du den andra personen kontrollera ditt sinnestillstånd, låt inte det ske. Stå emot din spontana instinkt att försvara dig. Rikta problemet mot den som angriper dig genom att säga »Du har tydligen haft en dålig dag«. Genom att använda ordet »du« eller »dig« riktar du uppmärksamheten mot den andra personen och inte mot dig själv. Det är en klar fördel om du kan framstå som lugn och fokuserad. Agera så snabbt som möjligt, om du inte reagerar ökar risken för att bli utsatt för samma behandling vid ett senare tillfälle.

Din egen inställning styr hur andra ser dig och bemöter dig. Du bestämmer själv ditt sociala värde, när andra bildar sig en uppfattning om dig är det ofta från ditt eget agerande. Det blir väldigt stor skillnad om du går in i ett mötesrum med ett leende, rak i ryggen, och söker blicken på de du inte känner, jämfört med om du går in med en sur min, böjd nacke, och undviker ögonkontakt med de som finns i rummet. Sänd ut rätt signaler och få rätt signaler tillbaka. De som inte känner dig kommer att bedöma dig utifrån ditt beteende. All förändring börjar med dig själv, om du förändrar dig kommer det att påverka relationen till de du möter. Om någon tidigare behandlat dig på ett icke önskvärt sätt, ska du reagera. Ställ frågor, låt den som kränker dig förklara sig, eller med en kort fråga som »Hörde jag rätt?«, »Det var intressant – Varför säger du det till mig?«. Pröva att hävda din rätt att »ta plats« i en miljö som känns trygg.

Genom att känna till vad det handlar om får du en bra grund för att öka ditt medvetande och därmed förbereda dig för de situationer du kommer att möta framöver. Ibland kanske du bara ska låta det som händer passera, beroende på vad som händer, genom att inte ta åt dig visar det sig att metoden inte fungerar mot dig.

Att fundera över:

- Har du själv varit med om ett möte där du bara känner en obehagskänsla utan att veta vad som hände?
- Om du ser dig i spegeln, har du själv agerat »härskare«?
- Har du själv upplevt att bli utsatt för en härskarteknik?
- Tror du det är någon skillnad på hur härskartekniker upplevs bland män och kvinnor?
- Tror du det är skillnad på bemötande mellan unga och äldre på en arbetsplats?
- Tror du att härskartekniken utövas olika för män och kvinnor?
- Vad är det som utmärker de som har makt på din arbetsplats?
- Vad gör du själv för att undvika att du är den som utövar någon av härskarteknikerna?
- Hur ska du själv förbereda dig för att bättre hantera den som vill »härska« över dig?

Egna anteckningar

_____

_____

_____

_____

_____

_____

_____

Att göra:

- Öva dig på att »ta plats« när du blir avbruten under mötet.
- Om någon tar ditt förslag under mötet, öva dig att säga »Vad kul att du gillar mitt förslag«.
- När någon försöker förminska dig, öva dig att ställa förtydligande frågor »Vad menar du med det?«
- När du framför saklig kritik och möts med ett svar på att du är för gnällig. Öva dig på att inte gå i försvar, utan flytta tillbaka fokus till ditt ärende.

4.0. Ensam är inte stark

»Att gå med en vän i mörker är bättre än att gå själv i ljuset.«
(Helen Keller)

4.1 Homosapiens utveckling

Vi har i alla tider varit beroende av varandra för att överleva. De som lämnades ensamma på savannen upplevde stor risk för att dö beroende på alla fysiska faror som fanns i form av farliga djur och få eller ingen möjlighet att kunna jaga. Anledningen att vi överlevde som jägare var just förmågan till samarbete. En författare som beskriver det här på ett bra sätt är den israeliska författaren Yuval Harari, som skrivit boken Sapiens. Boken undersöker mänsklighetens historia från utvecklingen av den mänskliga arten i stenåldern fram till det tjugoförsta århundradet. Han säger att om man skulle placera en schimpans och en människa ensamma på en öde ö, skulle troligen schimpansen klara sig bättre än människan. Den stora skillnaden mellan människor och alla andra djur ligger inte på den individuella nivån utan på en kollektiv nivå. Människan kontrollerar planeten beroende på att vi är de enda varelser som kan samarbeta på ett flexibelt sätt i stora grupper.

Om man skulle placera tusen schimpanser på ett ställe skulle det bli kaos. Människor kan däremot samlas i stora grupper utan att det uppstår kaos. Vi har också en förmåga att tro på berättelser och kan fantisera om något som inte finns. Du kan inte få en schimpans att göra något mot löfte om tio bananer i nästa liv. Det är vår fantasi som gjorde att vi kunde gå från ett samhälle där vi bytte varor med varandra till att som i dag använda pengar. Om vi ser på en sedel kan vi konstatera att den inte går att använda till något som är brukbart. Du kan inte äta den, du kan inte dricka den, du kan inte värma dig med den osv. Pengar fungerar för att vi alla tror på det. När vi alla tror på historien blir den användbar. Vi kan således ta pengar till en butik och köpa något som motsvarar värdet som vi alla tror på. En schimpans däremot skulle inte tro på historien om pengars värde och byta bort bananer mot en pappersbit. Förmågan att kommunicera, samarbeta och fantisera har varit värdefulla egenskaper i utvecklingen.

Människor söker sig tillsammans, Jag minns ett tillfälle för nästan 40 år sedan, då vår familj besökte en strand i samband med en semesterresa på Cypern. Stranden var nästan tom, då besökarna började komma placerade de sig sällan långt ifrån varandra. Jag tänkte då på att vi människor är ett flockdjur som söker varandras gemenskap. På samma sätt upplever jag de restaurangbesök jag och min hustru gör, vi går sällan in på en restaurang där det är folktomt. Vi går hellre in på ett ställe som har många gäster, kan eventuellt bero på att vi tror de har bättre mat, men också att det är trevligare att vara på en plats där det finns andra gäster.

Visst finns det stunder när man vill vara ensam, om inte annat för att vila och reflektera. Då är det oftare för en kortare period. Om det däremot uppstår en situation där ensamheten inte är självvald, kan det bli lite jobbigt. Vi var i Spanien när pandemin slog till och landet stängde ner. Det blev helt enkelt inte tillåtet att träffa andra. Det var tillåtet att handla, men då fick bara en i hushållet besöka affären. Man fick inte gå till affären varje dag, utan skulle planera sina inköp för att reducera besöken. De som hade hund fick tillåtelse att gå ut med hunden. Det ledde till att man började hyra en hund för att komma ut. Det slutade med att hunden bara fick rastas utanför bostaden. Vi blev då helt klara över hur det är att vara ensamma, även om vi hade varandra och kunde ringa och ha kontakt via sociala medier var det en helt annan sak än att rent fysiskt träffa andra människor.

4.2   Synergieffekter

Om du ska utveckla en verksamhet är det viktigt att hitta bra personer att samarbeta med. I det sökandet gäller det att inte vara rädd för våra olikheter. Det är våra olikheter som skapar förutsättningar för kreativitet och mångfald. Det är lättare att lyckas om du accepterar andra åsikter än bara dina egna. Det vanliga misstaget i samband med rekrytering är just att vi söker en ny medarbetare som är lik oss själva, som har gått i samma skolor, vuxit upp i likartade miljöer, har likartad erfarenhet osv. För att det misstaget inte ska ske krävs oftast hjälp utifrån, någon som ser och förstår att det behöver tillföras ny kompetens och erfarenhet. Det gäller därför att se olikheten som en styrka i stället för en svaghet.

Kay Pollak, regissör, föreläsare och författare, brukar i sina föreläsningar uttrycka en tanke som går ut på att alla människor vi möter är utsända till oss att öva på. Det är en spännande tanke som sätter mötet i ett nytt perspektiv. Synsättet att varje människa jag möter är utsänd till mig för att öva på innebär att den andre personen blir min läromästare. En del möten är ganska trevliga och väl förpackade i form av närhet och ömsesidig respekt. Andra möten är mer krävande, där vi känner ilska, blir irriterade osv. Kanske är det just i dessa möten vi lär oss mest om oss själva. Vad är det i mötet som gör att jag känner ilska och irritation? Kanske ser vi inte lärandet i samband med mötet, möjligen långt senare. Med talesättet i mitt bakhuvud blir jag mer intresserad av mötet och kommer troligen att betrakta den jag möter på ett helt annat sätt än tidigare.

Det här synsättet kräver att vi kan lämna vårt ego och vara öppna vid mötet. När det gäller ett möte med en person som inte håller med mig, gäller det att i stället för att börja argumentera för sin sak, bli nyfiken och fundera på varför. Vad är det den andra personen vet som inte jag vet? Vad har hen för erfarenhet som jag själv saknar? Att ställa frågorna och intressera dig för svaren förutsätter att du respekterar den du möter, och kan ta emot svaren med en inställning att försöka förstå. Det är med den inställningen det kan uppstå ett lärande, om den du möter är lika mogen kan hen också lära något vid mötet. Lärandet uppstår när ny kunskap tillförs, och kan troligen bli användbart för er båda.

När samarbetet verkligen fungerar uppstår något som är större än delarna. Det är då ni skapar något som inte är din idé och inte heller din kollegas idé utan något helt nytt som blir summan av bådas insatser. Eftersom vi lever i en konkurrensinriktad värld är det inte ovanligt att det motsatta uppstår. I stället för att ta tillvara varandras erfarenheter och lyssna in varandra, gör deltagarna allt i sin makt att medvetet missförstå och i dialogen förminska varandra för att själva framstå i en bättre dager. Den här typen av möten där mötesdeltagarna försöker positionera sig på de övrigas bekostnad ställer extra stora krav på den som leder mötet. Det gäller då att påminna om syftet med mötet och ställa krav på att deltagarna måste lyssna i avsikt att förstå.

I samband med en konflikt som ska lösas ställs extra krav på att parterna lyssnar på varandra. En bra metod som kräver medlare är att den part som lyssnar ska med egna ord kunna beskriva vad den andra parten sagt. När motparten bekräftar att det var rätt uppfattat går dialogen vidare. Då får nästa part motsvarande möjlighet att ge sin version. Metoden kräver ett aktivt lyssnande från båda parter.

Det här förutsätter att det finns en vilja att komma fram till en hållbar lösning för intressenterna. När det gäller politiska diskussioner upplever jag allt som oftast att man inte vill förstå varandra, man omskriver motpartens argument på ett medvetet vilseledande sätt.

Inom näringslivet fungerar inte den typen av strategier. Sök kontakt och umgås med människor du blir inspirerad av. När rätt personer kommer i kontakt med varandra kan bra saker hända. Jag såg nyligen en intressant dokumentär som heter »Echo in the Canyon«. Den skildrar vad som hände i Los Angeles Laurel Canyon där det samlades många musiker i mitten av 60-talet. Det var band som Byrds, Beach Boys, Buffalo Springfield och the Mamas and the Papas. Musikerna berättar om hur de inspirerades av varandra. Beatles var en stor förebild för många av musikerna i området. När Beatles var på turné i USA, kom de även till Los Angeles. Paul McCartney och Ringo Starr berättar om hur de i sin tur lärde av musikerna de kom i kontakt med under vistelsen. Eric Clapton som också befann sig i området berättar om hur han fick vara med och spela med Buffalo Springfield när tillfälle gavs. Det som jag tycker är intressant med dokumentären är hur de lärde och inspirerades av varandra. Det ledde till ett flertal hitlåtar för de här banden som skapades mellan 1965 och 1967. Hitlåtar som är tidlösa och står sig väldigt bra än i dag. Låtarna spelas flitigt runt om i världen.

Motsvarande berättelser finns kring målare som samlades i Paris under mitten av 1880- till 1890-talet och inspirerades av varandra. Det som uppstår i exemplen ovan är vad som brukar kallas för synergieffekter. Det innebär att resultatet av samarbetet mellan två och flera individer blir större än vad som är möjligt om de arbetar var för sig. Summan blir större än de enskilda delarna. Försök hitta samarbetspartners där det kan uppstå synergieffekter. Umgås med människor som tillför dig och din verksamhet ett värde, undvik de som tar energi ifrån dig och som försvårar din tillvaro.

4.3 Hur du skapar bättre relationer

Dale Carnegie har skrivit en bok om hur du vinner vänner och påverkar din omgivning. Boken publicerades första gången 1936 och har sålts i cirka 15 miljoner exemplar världen över. Intresset för ämnet är stort och är lika intressant i dag som när boken skrevs. Jag kommer att ta upp några aspekter som nämns i boken och lägga till mina egna kommentarer och erfarenheter.

Dale nämner inledningsvis att vi som människor inte gillar att erkänna fel. När vi kritiseras går vi ofta i försvar och tar illa vid oss. För att lära oss förstå mänskliga relationer måste vi inse det och förstå att våra klagomål mot andra inte kommer att ge det resultat vi hoppas på. Det är sällan man hör en politiker som säger sig ha gjort fel, eller som tar ansvar för något som gått fel. Det är alltid någon annan som har ansvaret för det som inte fungerar i samhället.

Uppskattning är däremot ett väldigt kraftfullt verktyg. Vi mår alla bra av att få beröm. Ärlig uppskattning tar fram det bästa hos människan. När du ger beröm är det viktigt att du har goda avsikter. Du måste ha den andres bästa i dina tankar. Det är en klar fördel om du kan vara specifik när du ger din uppskattning. Berätta också om hur det får dig att känna. Det är skillnad på uppskattning och smicker, mottagaren märker oftast om uppskattningen är uppriktig. Även om man ger beröm till den det gäller, enskilt eller i grupp, är det inte fel att berätta för andra om vad det är som är bra med din kollega. Det bidrar till en kultur där man börjar prata väl om varandra.

En annan viktig aspekt som Dale nämner i sin bok är att se saker från den andra personens perspektiv. Om du till exempel söker jobb på ett företag, utgå från deras perspektiv. Lyft sedan fram vad du kan bidra med för att de ska utvecklas. Det spelar inte någon roll i vilken situation du är, all kommunikation underlättas om du kan uttrycka det du vill säga från den andra personens perspektiv. Om du befinner dig i en säljprocess, måste du utgå från kundens behov. Det gör du enklast via frågor, om du däremot inleder dialogen med att säga »jag vet nog vad ni behöver« tror jag inte dialogen blir så långvarig.

Ett bra sätt att få människor att tycka om dig är att bli genuint intresserad av andra. Det underlättar om du kommer ihåg personens namn. Jag måste själv medge att jag haft svårt för att minnas namn. Däremot har jag lätt för att komma ihåg ansikten och var jag träffade dem och deras berättelser. Jag har därför alltid förberett mig inför möten med att skriva ner namnen på dem jag kommer att möta för att kunna tilltala dem med deras namn. Jag blir själv glad över att bli tilltalad med mitt namn och om den jag möter minns när vi träffades senast. Ett bra sätt att visa intresse för andra är att lära sig lyssna på vad den andre har att säga. Det kan inte nog betonas hur viktigt det rådet är. Det finns massor med kurser som handlar om hur vi ska bli bättre på att kommunicera, men inte några kurser om hur vi ska bli bättre på att lyssna. Talesättet att vi fått två öron och en mun, tolkar jag som att vi ska lyssna dubbelt så mycket som vi pratar. När någon berättar för dig om ett problem som de har, är det sällan de vill ha ditt råd, i de flesta fall handlar det om att få någon som lyssnar. På samma sätt är det när vi befinner oss på en fest, vi tycker inte om den som pratar hela tiden och i värsta fall berättar om sig själv.

En väldigt viktig ingrediens som underlättar för att skapa ett fördelaktigt första intryck är leendet. Med leendet utstrålar du självförtroende, glädje, entusiasm och inte minst ett accepterande. Den som ler uppfattas av andra som tillitsfulla. Leendet tyder på glädje och vi tycker om glada människor. Entusiasm är nödvändigt när du vill göra ett gott intryck eftersom den smittar av sig. Det jag personligen brukar tänka på vid ett första möte är att skapa en trygghet hos den jag möter. Att vederbörande känner sig accepterad, jag brukar ställa frågor som bjuder in till samtal, helst om något som handlar om den jag möter. När det passar ställer jag frågor, oftast för att jag av min natur är intresserad av andra människor. Jag tycker också det är viktigt att vara mig själv samt bjuda på mig själv. Om du kan skapa ett bra förstahandsintryck har du en bra grund för kommande möten. I min tidigare bok »Personlig utveckling« har jag ett avsnitt om något som kallas för »rapport«. Det är en process som beskriver hur du på ett djupare plan skapar kontakt med andra människor.

Ta reda på vad den andra personen är intresserad av. Duktiga säljare brukar snabbt få reda på kundens intressen och på ett naturligt sätt komma in på ämnesområdet. Det är naturligtvis lättare att hjälpa andra om du vet vad som är viktigt för dem. När du väl vet vad som intresserar kunden och vilka behov som ska tillgodoses, har du ett bra utgångsläge i de kommande affärsförhandlingarna. Att visa intresse för vad den andra personen är intresserad av innebär också att hen känner sig viktig.

Dale lyfter också rådet om att visa respekt för den andres åsikter. Om du med egna ord kan uttrycka den andres synpunkter visar det att du förstår vad hen menar, du behöver inte hålla med om synpunkterna. Det är skillnad på empati och sympati. Empati innebär att du kan leva dig in i den andra personens situation. Sympati däremot är när du känner medlidande med den andra personen. Det är en klar fördel om du kan förstå den du pratar med, en försvarsadvokat måste kunna leva sig in i sin klients situation, men behöver naturligtvis inte känna sympati för handlingen. På samma sätt är det viktigt att leva sig in i motpartens åsikter. Förutsättningarna för en gemensam överenskommelse ökar om parterna förstår varandra. Undvik att säga att motparten har fel, om du själv har fel, erkänn det direkt. När vi erkänner att vi har fel, ökar förtroendet och förståelsen för vårt sätt att tänka.

Inled en dialog med andra på ett vänligt sätt. Om du vill komma in på lite svårare frågeställningar underlättar det om du börjar med att lyfta fram det ni är överens om. Ställ gärna frågor som kan besvaras med ett ja. Låt den andra personen känna att idén är hens egen. De flesta tycker inte om att få idéer serverade på fat.

Det kan vara väldigt lockande att slingra sig undan och lägga skulden på någon annan. Vi vill inte förlora i respekt genom att medge de fel vi gjort. Om du till skillnad från vad de flesta gör törs stå för det du gjort, visar det att du är en mogen och omsorgsfull person. Om du vill skapa ett tillitsfullt förhållande ska du ta ansvar för det som hänt, och inte skylla på andra. Tillit stavas lika från båda håll och kan inte utkrävas utan måste förvärvas.

Min egen erfarenhet är att påståenden om att något inte fungerar, ofta bemöts med motargument som har till syfte att bevisa att påståendet är fel. I stället för att hamna i en situation där påståenden möts med irritation och ilska, brukar det fungera med frågor. Genom frågorna riktar du uppmärksamhet mot det som behöver göras. En fråga kan inte besvaras med att du har fel, den ger i stället en möjlighet till den andra personen att rädda sitt ansikte. Om frågorna leder till att det blir förbättringar, ska du berömma varje förbättring. Om du kommer på människor med att göra rätt, ökar sannolikheten att du kommer att få se mer av det i framtiden. På samma sätt är det om du ger andra ett bra rykte, då ökar förutsättningarna till att de vill leva upp till sitt eget rykte.

Att fundera över:
- Hur ser du själv på olikheter?
- Hur skulle du själv tänka vid en eventuell rekrytering, någon som är lik dig själv eller någon som har annan bakgrund, erfarenhet och kunskap?
- Försöker du själv förstå innan du gör dig förstådd?
- Är du intresserad av nya synpunkter på dina »sanningar«?
- Finns det någon i din omgivning, som du inte har något att lära av?
- Kan du tänka dig tanken att varje människa du möter är utsänd?

Egna anteckningar

_____
_____
_____
_____
_____
_____
_____

Att göra:

- Fundera över vilka du ska samarbeta med för att komma vidare med dina personliga målsättningar.
- Gör klar rollfördelningen er emellan.

5.0 Att inte vara nöjd

*»Den enda oföränderliga säkerheten
är att ingenting är säkert eller oföränderligt.«
(John F. Kennedy)*

Känslan av att aldrig vara nöjd är något som många brottas med. Risken med att få social ångest, dåliga relationer och depression finns hela tiden med som en hotbild. Det är den ständiga stressen och oron att inte räcka till som utvecklas till olika sjukdomar.

Det är en svår balansgång mellan att aldrig känna sig nöjd och att samtidigt inse att världen förändras och vi med den. Om du driver ett företag är det svårt att stanna upp och vara nöjd, risken är då stor att konkurrenterna fortsätter med att utveckla sin verksamhet och du själv stannar upp i din egen utveckling.

Ett känt fall handlar om ett företag som var nöjt och tyckte sig ha bra produkter trots att konkurrenterna gick över till en ny teknik. Företaget jag tänker på heter Facit. De var kända för att tillverka räknemaskiner. Efter andra världskriget hade Facit sin bästa tid. De hade ett försprång mot sina konkurrenter genom att Sverige inte hade deltagit i andra världskriget.

Runt första delen av 60-talet hade företaget filialer i mer än 100 länder och mer än 8 000 medarbetare. Jag minns själv hur känt företaget var när jag var ung, hur världskoncernen Facit styrde i Åtvidabergs FF som också blev svenska mästare två gånger på 70-talet. Under storhetstiden hade Facit 14 000 medarbetare i 140 länder. Facit dominerade marknaden, de började luta sig tillbaka och kände sig nöjda med tillvaron.

Eftersom de hade bra produkter behövde man inte längre satsa så mycket på produktutveckling. Företaget slutade att utvecklas, de tillverkade fortfarande mekaniska räknemaskiner i en tid då det började komma billigare och bättre elektroniska räknare från Japan. Om Facit varit mer öppensinnade och innovativa hade de kanske insett att de var tvungna att följa med i de tekniska framsteg som skedde. De kommande åren föll vinsterna kraftigt, först 20 procent och sen accelererade det bara. Flera tusen varslades, det gjordes desperata försök att rädda företaget, men företaget såldes senare till Electrolux för att därefter slutligen likvideras.

Ett företag som upphör att följa med sin tid, får ofta som resultat att de slutar utvecklas. När så sker är avvecklingen inte långt borta. Jag tror det är samma sak på den individuella nivån. För att vara intressant på arbetsmarknaden behöver man följa med i det som sker i omvärlden. Jag brukar likna det med att stå stilla på en rulltrappa som går neråt. Det gäller att gå uppåt i rulltrappan med minst samma takt som den går neråt.

Det är inte ovanligt att en situation sakta förändras, den unga kvinnan som nyligen träffat mannen i sitt liv, märker inte hur hennes situation sakta förändras när han inte vill att hon ska ha kontakt med sina gamla vänner. Han börjar mer och mer kontrollera vilka hon umgås med, går igenom telefonen, förbjuder henne att göra vissa saker, anvisar vilka kläder hon ska bära osv. Den situationen brukar beskrivas i berättelsen om den kokande grodan. Utgångspunkten i metaforen är att om en groda plötsligt sätts i kokande vatten kommer den att hoppa ut. Om grodan däremot läggs i ljummet vatten som sedan sakta kokas upp kommer den inte att uppfatta faran och kokas ihjäl. En del brukar använda liknelsen med hur vår planet sakta värms upp utan att vi nämnvärt reagerar på det som händer. För många som lever i en destruktiv relation blir förändringarna sakta och gradvisa. Jag lyssnade på en ljudbok som handlade om livet i Filadelfiaförsamlingen i Knutby. Från början var det en trevlig och omhändertagande miljö till att det slutade i en sektliknande situation som bland annat innehöll mord och mordförsök. Berättelsen har också illustrerats i en tv-serie.

Precis som jag inleder kapitlet är det många som far väldigt illa av alla förändringar som ständigt sker. Förändringar som vi inte bett om och som i många fall blir till det sämre. Även om vi önskar att världen skulle stanna och vi bara kunde få vara kvar och befinna oss i nöjdhetens rum så går det inte.

Det finns en teori kring förändring som kallas för »Förändringens fyra rum« eller »Fyrarummaren«. Den har sitt ursprung i psykologen och forskaren Claes Janssens forskning som visar hur en individ eller en grupp färdas genom olika tillstånd i förändringsprocesser. Den visar även hur vi som individer upplever verkligheten helt olika, och hur dessa olikheter kan förhindra eller gynna samarbete, förändring och utveckling. Baserat på dessa forskningsresultat utvecklade Claes Janssen en serie praktiska och användarvänliga analysinstrument, modeller och verktyg som används med stor framgång i såväl individ-, grupp- som verksamhetsutveckling.

De fyra delarna i förändringens fyra rum är:

- Nöjdhet
- Censur/förnekande
- Förvirring och konflikt
- Inspiration/förnyelse

Nöjdhet, är en beskrivning av situationen där allt känns bra. Du känner dig avspänd och behärskar situationen. Allt rullar på som vanligt.

Censur, börjar där du känner dig mer ansträngd. Det krävs självbehärskning för att upprätthålla ett mönster som känns tomt. Du är upptagen av att hålla masken och spela spelet.

Förvirring, det känns fel, men du vet inte om det är fel på dig eller på andra. Du är självupptagen, har dålig kontakt med andra. Känner tvivel och osäkerhet.

Inspiration/förnyelse, här har du en känsla av att vara i utveckling. Du får aha-upplevelser. Du har en god kontakt med nuet, känslor av gemenskap. Du har en god självkänsla, är energisk och har en vilja att påverka.

Teorin kring förändringens fyra rum säger att vi alla går igenom de fyra rummen i våra liv. Hur mycket vi än önskar att befinna oss i nöjdhetens rum kommer vi till en punkt där omvärlden förändras och vi inledningsvis försöker hålla borta förändringen, tills det inte går längre. Vi hamnar i censur och intalar oss att allt är bra och i sin ordning tills vi kommer till förvirringens rum. Där måste vi helt enkelt inse att det har hänt något som vi måste ta ställning till. För de allra flesta av oss leder det till inspiration och förnyelse. Det som gäller är att inse att vi »måste« gå igenom förändringens fyra rum och inte fastna i censur och förvirring.

Det är lättare att gå igenom en förändring om man vet att efter regn kommer sol. Jag har en kompis som levde i en relation med en kvinna och var nöjd med sitt förhållande. Sakta började det hända saker i förhållandet som gjorde att allt inte stod rätt till, men han intalade sig själv att de hade det bra. Sedan en dag händer det som inte får hända, hon flyttar ut. När jag pratade med honom om vad som hade hänt kunde han inte förstå varför, han tyckte trots allt att de hade det bra. När separationen var ett faktum blev han väldigt nedstämd. Han såg inte skogen för alla träd, han visste inte vad som hade gått snett, han kände sig allmänt förvirrad. Sedan efter ett tag började han dejta andra kvinnor, vid ett tillfälle dejtade han två kvinnor samtidigt. När han väl bestämt sig för hur han ville gå vidare började han se ljuset i tunneln. Han var glad, kände sig inspirerad och med en god självkänsla. Han var nöjd med hur det hela hade utvecklats. Med lite distans till det hela började han se sin egen del av varför hans tidigare relation hade lämnat honom. Han kände sig starkare och pånyttfödd.

Vi kan befinna oss i olika stadier i förändringens fyra rum beroende på det som sker på vår arbetsplats, eller vad som händer i våra relationer osv. I vissa fall sker förändringen väldigt snabbt och i andra processer tar det väldigt lång tid.

De allra flesta av oss har svårt att hålla kvar en känsla av att vi är nöjda. Som jag inleder kapitlet är känslan av att aldrig vara nöjd något som många brottas med. En känsla som gör att vi får ångest, dåliga relationer osv. Jag känner många som har den upplevelsen att de aldrig duger. Mitt budskap i de här situationerna är att förändra sitt sätt att se på det hela. Att inse att »gott nog« duger alldeles utmärkt. Vi behöver inte bjuda på sju sorters hembakade kakor när vi får besök. Det duger gott att bjuda på kaffe och kanske en limpa med smör som man köpt i en affär. Vi behöver inte överarbeta allt som kommer i vår väg, livet blir enklare och roligare om vi inte alltid simmar motströms för att det ska bli bra. Om vi sänker kravet på oss själva får vi mer tid för det som vi tycker är roligt och spännande.

Jag vill dock i det här sammanhanget säga att det kan också vara så att vår känsla av att inte vara nöjda med hur det är i dag, just är det som gör att vi skapar den förändring som gör att vi får ett bättre liv framöver. Det är troligen den längtan som gjorde att våra föräldrar skapade sig en bättre framtid än vad som gällde för deras föräldrar.

Att fundera över:
- Brottas du själv med känslan att aldrig vara nöjd med dig själv?
- Har du själv varit med om förändringar som du själv inte önskat?
- Kan du känna igen dig i »Förändringens fyra rum«?
- Tror du det fungerar med att sänka kraven på dig själv genom att inse att »gott nog« duger alldeles utmärkt?
- Tror du på tanken att missnöjet också kan vara en drivkraft till en förändring till det bättre?

Egna anteckningar

_____

_____

_____

_____

_____

_____

_____

Att göra:
- När du få en känsla av att du inte duger, börja med att identifiera vad det är som gör att du får den känslan.
- Fundera på hur du ska bli mer nöjd med dig själv.
- Skriv ner det som du gjort och känner att du kan vara nöjd med.
- Pröva att sänka kraven på dig själv, njut av det som händer i din vardag.

6.0   Vikten av att sätta mål

»Vad vi ser, beror framför allt på vad vi letar efter.«
(John Lubbock)

6.1   Varför ska man sätta mål?

I det stora som i det lilla är det viktigt att veta vilket resultat du vill uppnå. Behovet av en tydlig målsättning är lika aktuell för ett enskilt möte som för ett större projekt. Vi har alla varit med om arbetsmöten där vi börjat fundera på målsättningen för mötet när inlägg och frågor drar i väg mot något som inte fanns med på dagordningen eller ens berör ämnet. Om du inte vet vad du vill är det som att sätta dig i en taxi, men inte kunna säga vart du vill åka, eller som att börja bygga ett hus utan ritning. Att veta vad du vill har således stor betydelse för vilket resultat du kommer att nå, om inte du planerar och styr upp det kommer antingen slumpen eller andra människor att avgöra vad du får.

Räcker det inte med att man gör sitt bästa? Att göra sitt bästa är aldrig fel och räcker troligen långt. Problemet är att du inte kommer att ha någon referensram på vad som är bra och mindre bra. Om du vill utveckla det du håller på med krävs någon form av mått för att kunna utvärdera resultatet. Går utvecklingen i rätt riktning eller står du och stampar på samma plats? Personligen känner jag att mål motiverar och hjälper mig att fokusera på det jag vill uppnå.

Avsaknaden av en klar målsättning märks tydligt när en föredragshållare börjar spåra ur och det blir svårt att förstå budskapet i anförandet. En klar och tydlig målsättning underlättar planeringen och gör det lättare för lyssnaren att förstå vad vederbörande vill förmedla med sitt tal. På samma sätt märker man det i skrift. När artikelförfattaren inte har klart för sig vilket budskap som ska förmedlas, och om den röda tråden saknas, blir texten rörig och otydlig.

När jag själv var aktiv i näringslivet var sammanträden ett stående inslag i min vardag, så till den grad att de flesta frågor skulle hanteras via möten. För att det inte skulle bli slentrian brukade jag fråga vad mötet syftade till och vad vi förväntades uppnå med mötet. Om den frågan inte kan besvaras är det svårt att i efterhand avgöra om vi nått förväntat resultat med mötet. Det är lättare att stämma av läget och eventuellt korrigera riktningen om du vet vad du vill och att det finns en uttalad målsättning. Efter att mötet är avslutat är det för sent, en eventuell korrigering får då ske på annat sätt, i sämsta fall genom ett nytt möte.

Detsamma gäller vad du förväntas uppnå i ditt arbete under dagen, veckan eller månaden. Frågan om hur det har gått den här veckan blir svår att besvara om det inte finns något att jämföra med. Vad är bra och mindre bra? Om det är bra, kan det ju vara intressant att veta vad det beror på, på samma sätt som vi kan lära av det som gått mindre bra. Om det saknas en referensram blir avstämningen svårare att genomföra.

Det finns en studie gjord i Harvard, där avgångsstudenterna på Yale 1953 fick en fråga om de hade klara, tydliga, och nerskrivna mål för sin framtid. Det visade sig att nästan ingen hade det. Bara 3 procent hade tänkt igenom och satt egna mål. Tjugo år senare kontaktades avgångseleverna igen och forskarna kollade hur det hade gått för de här studenterna. Det visade sig att de 3 procent som hade satt mål hade tjänat mer pengar än de övriga 97 procenten tillsammans. Att jag nämner den här studien beror på att den ofta nämns i föreläsningar och olika artiklar kring behovet av en tydlig målsättning. Det finns också de som ifrågasätter om studien finns i verkligheten, oberoende om studien existerar eller inte, finns många andra undersökningar som styrker vikten av en tydlig målsättning. Även om du inte strävar efter att tjäna pengar kan målsättningen handla om hur du vill må, vilka färdigheter du vill ha, hur du vill ha dina relationer osv.

För ca 30 år sedan var jag med på en utbildning i Norge som handlade om personlig utveckling. Där ingick ett moment som handlade om att jag skulle skriva ett brev till mig själv där jag beskriver mitt liv i olika avseenden fem år fram i tiden. Jag skulle beskriva vad jag jobbade med, var jag bodde, hur min familjesituation såg ut, vilka intressen jag hade osv. Med andra ord, vilket resultat jag strävade mot fem år fram i tiden. Brevet adresserades till mig, om jag bytte adress skulle jag meddela kursarrangören. Efter fem år fick jag brevet, det var en annorlunda känsla att få läsa innehållet som beskrev mina tankar om hur jag trodde att jag skulle ha det. Många av mina målsättningar var uppfyllda. Allt hade inte hänt, en del av mina tidigare målsättningar var omprövade och de målsättningar som låg kvar men som inte var verkställda blev nu en väckarklocka om att på nytt ta tag i det som behövde göras. Jag har sedan dess formulerat mig skriftligt kring vad jag önskar ska hända. Jag har själv bett andra som deltagit i mina utbildningar att formulera sina önskningar i ett skriftligt dokument. Genom att skriva ner målsättningarna blir de tydligare och mer tillgängliga.

Personligen tror jag väldigt mycket på tanken att jobba med en vision som tar höjd i vad du vill med ditt liv. Hur ser ditt idealliv ut? Hur ser din dag ut? Var bor du? Försök integrera alla sinnen i din vision. Vad ser, hör, luktar, smakar och känner du under denna perfekta dag? Förvandla den sen till en lista över konkreta mål. När du vet vad du vill, välj därefter en möjlig tidsram för när din vision ska förverkligas. Dela upp dina mål i små handlingar så att de blir hanterbara.

Gå tillbaka till din vision och håll dina drömmar levande. Vad du vill få ut av livet, vad du anser vara framgång, är din och bara din ensak. Hur framgångsrik du vill bli avgör du själv. Begreppet vision kan låta lite främmande, för mig handlar det om att skapa en bild av vart jag är på väg, något som inte finns i dag. När det gäller boendet var min och min hustrus bild att skapa en för oss trevlig plats helst strandnära med tillgång till brygga, bastu, pool osv. I dag har vi tillsammans förverkligat vår vision. Bilden av det önskade läget har underlättat resan mot att skapa det vi såg framför oss. Huset vi bor i ligger ca 25 meter från vattnet, med egen brygga, huset har stora glaspartier mot sjön, som ligger ca två km från havet, där det finns en golfbana. Vi har också hittat ett vinterboende nära havet i Spanien. Bilderna av det önskade läget har inte varit detaljerad som en ritning utan funnits där mer för att skapa en känsla, som därefter fungerat som underlag för de ritningar som senare upprättades. Bilden av det önskade läget fanns med när vi sökte lämpligt objekt som svarade mot våra önskemål. Huset vi köpte var byggt i slutet av femtiotalet och fungerade mer som ett ställe man åker till för ett dagsbesök. Vi rev huset och investerade i det som nu är vår bostad. Vår gemensamma bild hur vi ville ha vårt boende blev styrande för de beslut vi tog under resans gång.

På samma sätt kan en vision bli styrande för en golfklubb som vill skapa något utöver det vanliga. Jag har under åren hunnit med att besöka många olika anläggningar. Det finns ett flertal bra exempel på golfklubbar som utvecklat verksamheten mot bakgrund av en klar bild av vad de vill uppnå. Förutom själva anläggningen märks det på bemötandet man får som gäst. Det märks också på hur medlemmarna bemöter varandra som visar på den kultur som råder på platsen.

6.2 Några exempel på personer med en tydlig målsättning

6.2.1 Oprah Winfrey

Oprah Winfrey betraktas som en av världens mest inflytelserika kvinnor. Som ung drömde hon om att bli journalist och nyhetsankare. Hon föddes 1954 i Mississippi, hennes mamma var då i tonåren och jobbade som hembiträde. Hon hade inga möjligheter att ta hand om sin dotter som då fick bo hos sin mormor. Det var på en gård utan rinnande vatten, hon växte upp i ett extremt fattigt hem med inslag av våld. När hon blev slagen fick hon inte gråta, vilket medförde att hon inte fick uttrycka sina känslor öppet. Vid sex års ålder när mormor blev sjuk fick hon bo hos sin mamma som var hembiträde i Milwaukee. Ibland bodde hon hos sin pappa i Nashville Tennessee, för att därefter flytta tillbaka till sin mormor. Hennes mamma och mormor var hembiträden. Deras målsättningar var att Oprah skulle lära sig bli ett bra hembiträde hos ett trevligt vitt par som skulle tillåta henne att ta med sig mat hem.

Genom sin uppväxt var hon också utsatt för sexuella övergrepp och våld från en äldre kusin och mammas pojkvän. Oprah blev gravid då hon var fjorton år, barnet dog två veckor efter födseln. När hon var gravid trodde hon att hennes enda utväg var att ta livet av sig. Den här händelsen har varit hennes livs hemlighet och hon har alltid känt en rädsla för att historien skulle bli känd. Hon kände skam för vad hon blivit utsatt för. Den förblev en hemlighet tills en släkting sålde uppgifterna till en tidning. Oprah kände sig helt tillintetgjord när uppgiften blev känd, men efter en tid lyftes en börda från hennes axlar. Hon kände nu att hon kunde prata om det hon upplevt under sin uppväxt.

Hon hade en tuff uppväxt, men var väldigt begåvad. Hon lärde sig läsa och skriva redan vid tre års ålder. Hon älskade att läsa och det gick bra i skolan. Under uppväxten fick hon ofta tala i kyrkan, i gymnasiet anslöt hon sig till en verksamhet där man tävlade i offentliga tal. När hon gick i gymnasiet vann hon en talangtävling och fick stipendium till college. Hon fick tidigt jobb via en lokal radiostation och därefter blev hon första kvinnliga afroamerikanska nyhetsankaret i Nashville. Inledningsvis jobbade hon samtidigt som hon läste på heltid.

Karriären därefter är känd, mellan 1986 fram till 2011 ledde hon sin egen mycket framgångsrika pratshow The Oprah Winfrey Show. Programmet producerades av hennes egna produktionsbolag som visades i mer än 100 länder. Hon kom senare att äga sitt eget tv-bolag och tidningsmagasin. Hon har också gjort sig känd som skådespelare, hon fick en Oscar för bästa biroll i filmen »The Color Purple« som är ett amerikanskt drama med Steven Spielberg som regissör.

Senare i livet som journalist och nyhetsankare fick hon tidigt veta att hennes utseende inte passade. Hon har också varit utsatt för rasism och andra tråkiga händelser under sin karriär.

Oprah tog de chanser som dök upp, hon lärde sig tidigt att ta ansvar för sin egen utveckling. Hon lärde sig att inte älta allt ont som hänt tidigare i livet, talade ofta om förlåtelsen som ett sätt att komma vidare och att också lära sig av det som hänt. Hon betonar ofta i sina tal att framtiden skapas genom de insatser som görs nu. Hon uppmanar oss alla att inte ta livet för givet, Oprah vill att vi ska glädjas över att vi får leva och uppmanar oss att ta tillvara de möjligheter som liver ger.

Jag tror att en del av hennes framgång beror på hennes förmåga att få kontakt med de hon träffade i sina program. Hon blev som en psykolog för gästerna som öppnade sig för henne och därmed också tittarna.

6.2.2 Michael Jordan

Det är viktigt att man har en målsättning och att man har den inom sikte. Ett bra exempel på en person med en tydlig målsättning, som också vände ett nederlag till framgång, är Michael Jordan. Han är en amerikansk före detta professionell basketspelare. Michael anses av många vara den bästa basketspelaren genom tiderna. Han spelade under storhetstiden för Chicago Bulls.

När han gick i 10:e årskursen på Laney High School fick han en dag besked om att han inte längre platsade i skollaget. Efter det meddelandet var han otröstlig. I stället för att bara ge upp och tycka synd om sig själv bestämde han sig för att vända nederlaget till en revansch. Han skulle inte bara återta sin plats, han skulle också bli bäst i laget.

Michael vände sig till sin tränare som hjälpte honom med att lägga upp ett träningsprogram. Han följde programmet slaviskt och tids nog fick han plats i laget igen. Michael blev också en stöttepelare för övriga spelare i laget. Han har därefter haft en fantastisk karriär med två olympiska guld och blev 2009 invald till Basketball Hall of Fame. Han utnämndes till NBA:s mest värdefulla spelare fem gånger.

6.2.3 Sylvester Stallone

Ett annat exempel på en person som hade en klar målbild av vad han ville uppnå är Sylvester Stallone. Hans dröm var att bli filmskådespelare. De som träffade honom såg det som en avlägsen dröm som troligen aldrig skulle uppfyllas. Vid födseln skadades en nerv som lämnade en del av ansiktet förlamat. Som ett resultat av detta fick han ett sluddrigt tal. Som tonåring fick han utstå mobbning, han led dessutom av ADHD och hyperaktivitet, hans mamma har berättat att han uteslöts från »17 gymnasieskolor« troligen på grund av detta.

Drömmen att bli skådespelare levde hela tiden, strategin för hans del var att skriva ett så pass bra manus att han skulle kunna kräva att få spela en roll i filmen. Sylvester lyckades skriva ett helt underbart manus om en boxare som heter Rocky. Filmen handlar om hur en okänd boxare får möjligheten att utmana världsmästaren i tungvikt. Världsmästaren ser det som en upp-visningsmatch, för Rocky handlar matchen om hans livs chans. Budskapet i filmen handlar om att alla människor får sin chans, bara de vill och lever upp till sin dröm.

Som jag fått det berättat visade många filmstudior intresse för hans manus men kunde inte tänka sig honom i en av rollerna i filmen. Trots att Sylvester vid den här tiden var i stort behov av pengar vägrade han sälja sitt manus med mindre än att han fick en roll i filmen. Efter många turer lyckades han till sist väcka intresse hos en filmstudio som accepterade hans krav.

Det visade sig senare när filmen var klar att det som tidigare var hans begränsning blev hans styrka. Det släpande och lite sluddriga talet och hans speciella ansiktsuttryck passade utmärkt i rollen som boxare och för hans kommande filmer som Rambo med flera. Debutfilmen Rocky belönades med tre Oscar-statyetter för bästa film, bästa regissör samt bästa klippning. Filmen spelades in på endast 28 dagar.

6.2.4 Walt Disney

Nästa exempel som jag tar upp i den här serien handlar om Walt Disney. Jag skrev om honom i min första bok, då som ett exempel på den strategi han använde för att öka den innovativa förmågan i sitt eget företag, en modell som i dag används runt hela världen och går under benämningen Disney-modellen.

Walt föddes den 5 december 1901 i Chicago. Han växte upp i en fattig familj, ett av fem barn, som bestod av tre äldre bröder och en yngre syster. Då han var fyra år flyttade familjen till en gård på landet. Fadern var hård och misshandlade ofta sina söner. Walt tyckte om djur och ritade ofta av grisar och andra runda djur med en kolbit.

Walt var väldigt förtjust i tåg. När han var 14 år jobbade han extra på tåg med att sälja godis och snacks till tågresenärerna. Han och hans bror Ray blev tidigt vana vid att jobba hårt. Walt och Ray steg upp kl. 4.30 varje morgon för att dela ut tidningar i området för att sedan gå till skolan. Efter skoldagen fortsatte de med sina jobb, allt för att bidra till familjens försörjning. Det hände ofta att de somnade i skolan, något som gjorde att de fick dåliga betyg. När Walt blev lite äldre fick han förtroendet att göra illustrationer till skoltidningen. Han fördjupade hela tiden sina färdigheter som illustratör, han tog kvällskurser och lärde av andra duktiga illustratörer.

När Walt var 16 år hoppade han av skolan för att ta värvning i armén under slutet av första världskriget. Han nekades beroende på att han var för ung. I stället anslöt han sig till Röda Korset och skickades till Frankrike för att köra ambulans. Han roade sig själv med att måla figurer på ambulanserna.

När kriget var slut åkte Walt till Kansas City, USA. Det började med att han fick en anställning på en studio, men fick enligt uppgift sparken. Han startade då tillsammans med en annan tecknare, Ub Iwerks, en reklambyrå. Samarbetet med Ub kom med undantag för några år på 1930-talet att vara fram till Walts död 1966. Företaget ägnade sig åt att producera tecknade reklamfilmer. Bolaget gick snabbt i konkurs. Då startade han ett nytt företag med Ub och sin bror Ray. De fokuserade nu på tecknade serier, som snabbt blev väldigt populära. Trots populariteten blev de inte lönsamma. Det slutade med konkurs.

Med bara 40 dollar i fickan åkte Walt till Hollywood för att bli skådespelare men lyckades inte. Han övertalade då sin bror Roy och Iwerks att på nytt starta ett företag tillsammans. De fick då sin första stora framgång med en kanin. Lyckan varade inte länge. De hamnade i en konflikt med andra intressenter om rättigheterna till figuren.

Med den erfarenheten i bagaget prövade de på nytt, nu med en tecknad figur som de döpte till Musse Pigg. De första filmerna med Musse Pigg var stumfilmer, de gick inte speciellt bra. I ett sista försök att rädda företaget beslöt de i november 1928 att släppa den tredje Musse-filmen på nytt, denna gång med ljud. Filmen blev en stor succé och firman räddades från konkurs. Därefter skapades flera andra tecknade figurer av anställda tecknare som till exempel Mimmi Pigg, Långben, Pluto och Kalle Anka. Walt slutade själv att animera i slutet av 1920-talet, han koncentrerade sig på manus. Bolaget utvecklade den så kallade multiplanskameran, vilket gjorde det möjligt att få bättre perspektiv och djup i de tecknade filmerna.

De tjänade bra på sina seriefigurer, och beslutade sig för att nu satsa allt de ägde i en tecknad långfilm med namnet »Snövit och de sju dvärgarna« som skulle visas i färg. Alla avrådde dem från att satsa hela sin förmögenhet i något så osäkert som en tecknad långfilm i färg. Filmen var oerhört påkostad och Walt visste att filmen måste bli en succé om inte studion och han själv skulle gå i konkurs. Som tur var blev det en stor kassasuccé.

Walt nöjde sig inte med framgångarna inom filmindustrin. I början av 1950-talet inleddes planerna på att bygga en stor temapark. Inledningsvis var det tänkt att bli en park med statyetter av seriefigurerna, men sedan utvecklades projektet till att bli en nöjespark som öppnades den 17 juli 1955. Walt hade större idéer om hur parken skulle utvecklas. Han ville skapa den »lyckligaste platsen på jorden«. Han hade planer på ett projekt som kallades för Epcot som skulle bli ett slags framtida samhälle. De fick stora problem när det gällde finansieringen.

Det berättas att Walt nekades mer än 300 gånger av olika potentiella finansiärer. Till slut ordnades den delen via någon form av finansieringsfond och projektet kunde drivas vidare. Efter Walts död övertogs projektet av brodern Roy som fem år senare öppnade Walt Disney World. När journalisterna frågade brodern Ray om hur tråkigt det var att Walt inte hann uppleva Walt Disney World svarade Ray, att Walt hela tiden sett parken, nu får vi alla andra också se den. Walt höll sin dröm levande under många år innan han dog. Under 2015 hade Disney World 138 miljoner besökare och 195 000 medarbetare. Under sitt leverne vann Walt Disney 22 Oscars för sina tecknade filmer.

Walt sa själv att det inte räcker med stora drömmar, du måste också jobba med dina drömmar för att de ska bli verklighet. Han var inte rädd för att misslyckas, han fick uppleva att bli uppsagd, gå i konkurs osv. Han prövade på nytt tills han fick framgång. Om du försöker undvika misslyckanden kommer du heller inte att få uppleva känslan av att lyckas.

Walt insåg också betydelsen av att förkovra sig i det han tyckte om, nämligen att göra illustrationer. Han sökte hela tiden ny kunskap i området genom att gå kvällskurser och ta intryck av andra som också var duktiga. Hela koncernen har i dag omkring 223 000 medarbetare världen över och omsätter omkring 70 miljarder dollar.

Med lite perspektiv kan man konstatera att Walt har varit väldigt riskbenägen, troligen mer än vad de flesta skulle tycka var bekvämt. Han var också väldigt målmedveten, han gav aldrig upp sina drömmar och visioner om hur företaget skulle utvecklas.

6.2.5 Tiger Woods

Det är svårt att inte ta med Tiger Woods bland personer med en tydlig målsättning. Även om han föddes till golfspelare så känner många att han förtjänat sin position som världens bästa golfspelare.

När Tiger var tre år var han tillsammans med sin pappa med i ett tv-program där han fick visa upp sina färdigheter. När han var fem år följde ett tv-team honom i en tävling för unga golftalanger. Han berättade då om sina drömmar om att bli världens bästa golfspelare. När Tiger var elva år var han redan en omtalad golftalang, Wayne Gretzky, som vid den här tiden var världens bästa ishockeyspelare, har berättat i en intervju att han tillsammans med några lagkamrater åkte i väg för att se Tiger spela golf.

I slutet av sommaren 1996 blev Tiger proffs som tjugoåring efter en fantastisk juniorkarriär. Det tog mindre än ett år innan han tog plats som världsetta på rankningen. Under den här tiden dominerade Tiger golfen, som om det inte fanns några andra spelare. Genom hans popularitet kom det fler sponsorer, publiken strömmade in i allt större skaror till turneringarna. En del beskriver det som när Beatles slog igenom. Tiger var atletisk på ett helt annat sätt än övriga golfspelare, han tränade mer än någon annan. Han försökte hela tiden lära av dem han mötte på golfbanan. En del beskriver honom som den hårdast arbetande atleten någonsin. Eftersom han var så bra och överlägsen blev hans konkurrenter tvungna att börja träna på samma sätt. Han påverkade en hel generation som alla ville bli som Tiger Woods.

Efter nästan femton år på toppen avslöjades han med en serie av otrohetsaffärer, vilket medförde att hans äktenskap upplöstes och åren därefter följdes av en kamp om att övervinna ett sexberoende och ryggsmärtor som börjat dyka upp. Efter några år av rehabilitering och medicinska ingrepp började han vinna turneringar och 2013 var han tillbaka som nummer ett på världsrankningen. I en tävling 2014 visade sig ryggproblemen på nytt, han var tvungen att bryta tävlingen.

Nya ingrepp genomfördes och ryggsmärtor och sviter från tidigare knäskador gjorde att han blev beroende av smärtstillande mediciner. Stundtals var han helt sängliggande och oförmögen att gå. Problemen medförde nya medicinska ingrepp som i sin tur krävde omfattande rehabiliteringsinsatser.

När han 2017 genomförde sin fjärde ryggoperation var han i stort sett uträknad som idrottsman. När Tiger Woods diskuterades bland sportjournalister sa man att, förutom de medicinska ingreppen han genomgått, var han för gammal. De som var insatta i läget beskrev att golfvärlden nu hade en uppsjö av tjugo år yngre golfspelare som var lika vältränade som Tiger var när han blev rankad som etta. Spelet hade utvecklats och konkurrenssituationen var på den nivån att en 43-åring med sviter från tidigare operationer av rygg, knä, spricka i hälen, armbågen, handlederna med mera, var för omfattande för att kunna tävla på elitnivå. Att Tiger kunde slå en golfboll var gott nog, mer kunde vi inte förvänta oss. När Tiger senare gör comeback och vinner en mastersturnering, 43 år gammal, beskrivs det av många som en av världshistoriens största idrottscomebacker någonsin. De flesta stora golfspelare har aldrig vunnit en mastersturnering. Att då lyckas med att rehabilitera sig och på nytt bygga upp sin kropp och få tillbaka sin golfsving och sitt självförtroende är en bedrift utöver det vanliga.

Det är som att historien kring Tiger Woods aldrig slutar, den 23 februari 2021 kraschade han med sin bil. Fortkörning var orsaken bakom den allvarliga bilolyckan enligt polisen. Tiger hade frakturer på sitt högra vadben och skenben samt skador på fot och vrist. Läkarna trodde att de skulle vara tvungna att amputera benet. Som tur var kunde de rädda benet och Tiger påbörjade sin rehabilitering. Han berättade i en intervju att han var tacksam för att han kunde gå igen och drömde om att på nytt kunna spela golf. I december 2021 såg jag honom i en mer lättsam golftävling tillsammans med sin 12-åriga son. Tävlingarna direktsändes i tv, publiktillströmningen och intresset från journalisterna var enormt. Nu har spekulationerna påbörjats igen, kommer han på nytt göra en comeback i tävlingssammanhang på elitnivå? Historien om Tiger är långt ifrån färdig, han är troligen inte uträknad, den som lever få se.

Det är svårt att säga vad det är som gör att han är så intressant. En orsak kan vara att han aldrig ger upp, Tiger har under hela sin karriär varit intresserad av att utveckla sina färdigheter, det som är lite unikt är att han fått så stor uppmärksamhet utanför golfvärlden. Även om han tappade en del av sina beundrare i samband med skilsmässan, verkar det som han blev förlåten och på nytt upphöjd av sina fans. Intresset kring hans person verkar större än någonsin.

6.3 Var inte rädd för storslagna drömmar

»Allt vad människan kan föreställa sig och tro på kan hon också uppnå.« – *Napoleon Hill*

Människan har i alla tider drömt om att flyga som en fågel. Om inte annat har den önskan kommit fram i mängder av berättelser och gamla myter. Den förste som på allvar studerade flygningens problem var Leonardo da Vinci. Även om han hade spännande idéer visade det sig att de inte fungerade i verkligheten.

De som till slut lyckades med föresatsen att kunna flyga var bröderna Wright. De började redan som barn intressera sig för flygning. De var inte intresserade av att gå i skola. Bröderna satte upp en cykelverkstad som gick mycket bra. Pengarna de tjänade satsades på olika experiment som alla hade till syfte att få fram en farkost som kunde lyfta. I början av 1900-talet lyckades bröderna Wright uppfylla människans dröm om att kunna flyga – men då var ingen intresserad av deras uppfinning. Det var första världskriget som satte fart på försäljningen. Företaget tillverkade flygplan och motorer till bland annat USA:s flotta och armé samt så småningom även till USA:s allierade.

På liknande sätt har människan drömt om möjligheten att kunna kommunicera med varandra på avstånd. Optiska telegrafer började användas redan i slutet av 1700-talet. De bestod av speglar som reflekterade ljus som kunde sändas som signaler till en mottagare inom synhåll.

När sedan elektriciteten togs i bruk en bit in på 1800-talet, uppfanns en elektrisk telegraf som kunde sända meddelanden längre sträckor genom kabel. Den första elektriska telegraflinjen anlades 1853.

Italienaren Guglielmo Marconi är mest känd för att ha utvecklat den trådlösa telegrafin. Efter många misslyckade försök lyckades han till slut. Vid 27 års ålder kunde han sända signaler över Atlanten, det ägde rum 1901. Signalerna sändes från Cornwall i England till Newfoundland i Kanada. Det var ett avstånd på 3 540 kilometer. För att lyckas med sändningen tvingades Marconi skicka upp sin antenn till väders med en pappersdrake.

Bröderna Wrights drömmar om att bygga en flygmaskin och Marconis dröm om att kontrollera krafterna i etern blev till verklighet. Var inte rädd för storslagna drömmar. De exempel jag har tagit upp tidigare som handlat om personer med tydliga målsättningar har alla haft drömmar om att skapa en spännande framtid. Gemensamt för dem alla har varit att de själva trott på sina drömmar. Även om oddsen talat emot dem har de stått fast vid vad de tror på och jobbat aktivt för att omvandla drömmen till verklighet. Ett världsrekord sker inte bara för att du drömmer om det, det krävs systematisk träning över tid för att det ska uppfyllas. Det börjar dock med en tanke, som sedan påverkar de beslut du tar och de resultat du därmed uppnår.

»Nästa gång dina tankar vandrar i väg, följ dem för en stund.« *(Jessica Masterson)*

6.4 Det måste finnas ett varför

Jag tror också det underlättar om du vet varför du vill uppnå dina mål, det gäller för all verksamhet. Om det finns ett tydligt varför går det lättare att motivera dig själv eller andra att vidta de åtgärder som krävs när det börjar ta emot.

Ett bra exempel på detta är när jag och min hustru deltog i en löparstafett som gick under benämningen Vindelälvsloppet. Tävlingen anordnades första gången 1984. Vi var med och tävlade för Västerbottens Lantmän under några år i mitten av 80-talet. Tävlingen var indelad i fyra dagsetapper mellan Ammarnäs och Vännäsby, totalt 35 mil. Jag var med som löpare på en av sträckorna och min hustru fungerade som stöd för löparna genom att serva med vatten. För att göra det cyklade hon med små vattenflaskor som hon överlämnade till löparna i laget. För att göra det krävdes att hon cyklade fram till en lämplig plats där vattenflaskan kunde överlämnas, sedan plocka upp flaskan igen. Därefter cykla fram till en ny plats där hon kunde överlämna en ny flaska, plocka upp den som löparen slängde osv. För att klara uppdraget delades uppgiften upp på flera cyklister. Själv cyklade hon cirka 4 mil per dag.

Skulle uppgiften enbart ha inneburit att hon skulle cykla 4 mil om dagen genom att stanna på jämna intervaller, parkera cykeln, springa en sträcka, kliva upp på cykeln, parkera och springa en sträcka osv skulle hon troligen inte ha klarat uppdraget. Nu var hon djupt involverad tillsammans med hela laget med ett tydligt varför. Sedan hade laget en målsättning som innebar att vi skulle vinna över ett annat lag som hette »Tärnajäntorna«. De visste inte om att vi tävlade mot dem, som löpare visste jag att jag skulle ha laget bakom mig. Det första jag tog reda på när jag skulle springa min dagsetapp var att kontrollera deras position. När jag startade min etapp låg vi väldigt nära våra konkurrenter, mitt uppdrag blev att hålla laget bakom mig. Tärnajäntorna visste inte att vi tävlade mot dem, för vårt lag blev tävlingen lite mer intressant då vi hade ett tydligt uppdrag.

Ett annat exempel som för mig har inneburit ett tydligt varför är Norrmejeriers vision, »Gör Gott för Norrland och planeten«. Att göra gott för Norrland innebär ett större ansvarstagande än att enbart fokusera på det egna företaget, som förpliktar och ger mening till jobbet. Du blir därmed en del av något större och du känner dig stolt över vad det i förlängningen innebär. Jag vet att många kollegor kände som jag, uppdraget att göra gott för Norrland lever kvar i mig. Jag blir stolt när jag ser företagets reklaminslag på tv där budskapet framförs på ett trevligt sätt.

6.5   Resursstyrd kontra målstyrd planering

Det vanligaste läget är att man utgår från befintliga resurser och planerar sin verksamhet utifrån dessa förutsättningar. Det ger ofta en trygg och stabil utveckling, de som driver bolaget ser till att det inte utsätts för obehagliga överraskningar.

Det andra sättet utgår från ett önskat läge, oberoende av hur långt du kommit. Det mest kända exemplet på den här typen av målsättningar är när John F. Kennedy satte upp målet den 25 maj 1961 som gick ut på att genomföra en lyckad månlandning med en människa och få hen tillbaka välbehållen till jorden. Målet skulle genomföras inom samma årtionde.

Hade frågan ställts när är det möjligt att sända en man till månen skulle svaret troligen ha varit om tjugo eller trettio år. Vid den tidpunkten hade USA, till skillnad från Sovjetunionen, inte ens sänt ut en människa i omloppsbana runt jorden. Ändå backade varken kongressen eller Nasa, USA:s federala luft- och rymdfartsmyndighet, för den vågade utmaningen. Det dröjde inte mer än åtta år innan Kennedys mål om en lyckad månlandning genomfördes. Orsaken till Kennedys mål var den så kallade rymdkapplöpningen, som pågick mellan USA och Sovjetunionen vid den här tiden. Genom den djärva målsättningen lyckades man samla nationen kring en gemensam utmaning.

Det är inte bara fördelar med den här typen av djärva målsättningar. Under träning kraschade en modell av månlandaren och en av piloterna, Neil Armstrong, tvingades till en nödutskjutning. Sex månader senare kraschade ytterligare en testpilot. Det fanns en stor risk för att månlandaren skulle krascha på månens yta. Landningen blev dramatisk. Den plats man först tänkte landa på visade sig vara en stor krater och Armstrong fick snabbt tänka om. Han styrde månlandaren manuellt och letade upp en säker plats att landa på. Det var bara sekunder kvar innan bränslet skulle ta slut. Nu slutade månäventyret väl, den 24 juli landade rymdkapseln i Stilla havet och Armstrong, Aldrin och Collins blev de som var med och skrev historia.

Min erfarenhet är dock att de flesta målsättningar som sätts, utgår från befintliga resurser, vilket innebär att de sällan blir speciellt djärva och utmanande. Det är inte heller ovanligt att budgetarbetet tar sin utgångspunkt från tidigare budget. Det krävs en hel del av ansvarig chef för att bryta den trenden. För en mellanchef är det väldigt svårt, beroende på att budgetförutsättningar styrs från företagsledningen. För vd är det lättare att driva frågan direkt mot sin styrelse att i stället för befintliga resurser ta höjd för ett önskat läge, och därifrån fundera på vad som krävs för att nå dit.

Även om du jobbar mot ett önskat läge startar resan från ditt nuläge. Hur ser din nuvarande situation ut i dag? Vad är problemet mer specifikt? Det önskade läget behöver också förtydligas. Vad vill du uppnå? Resan mot det önskade läget kommer att mötas av hinder. Vad är det som hindrar dig från att nå det önskade läget? Är det överhuvudtaget möjligt att nå dit? När hindren börjar dyka upp, brukar energinivån dala och lusten att fortsätta avtar. Då gäller det att fundera över vilka resurser som krävs för att komma över de hinder som har identifierats. Det kan vara tid, pengar, kompetens, stöd, attityd, drivkrafter osv. Samtidigt som resurserna identifieras påbörjas en process som handlar om hur de ska införskaffas. Kräver insatsen rekrytering av ny kompetens, eller kan den förses med befintlig bemanning, hur ska finansieringen ordnas, ska du ta in andra företag i din nya satsning osv?

Om du är i ett läge att starta upp ett eget företag, kan funderingarna handla om hur du kan få stöd av någon som gjort motsvarande resa tidigare. Det är nu som behovet av hjälp är som störst. Det gäller att inte fastna i befintliga resurser, då blir det ofta väldigt begränsande och blir sällan några större steg i verksamhetens utveckling. När du har tillgång till de resurser du behöver krävs handling. Vad är det viktigaste att börja med och hur ska du göra det?

Om man som jag förespråkar tar höjd för sin vision om en önskad framtid enligt ovan, finns alltid en risk för att ansvarig vd inte är mogen uppgiften och drar på sig kostnader som inte kan hanteras. För styrelsen gäller det då att kontinuerligt tillsammans med vd stämma av läget. Om du själv är styrelseledamot i en verksamhet, kan du inte skylla på att du inte var insatt i verksamheten och litade på vd.

Det gäller att driva utvecklingsarbetet på ett ansvarsfullt sätt. Det bästa är naturligtvis om utvecklingsarbetet kan finansieras med egna pengar. Oftast räcker inte det, med en extern finansiering ökar risken och det blir fler intressenter som kräver insyn och inflytande. Ett väldigt känt fall är vad som hände Erik Penser i samband med finanskrisen på 1990-talet. Han var under 1980-talet och i början av 1990-talet en av Sveriges mest inflytelserika finansmän. 1991 tvingades han ge upp kontrollen över sina företag till Nordea. Numera driver han sin egen bank som benämns Erik Penser Bankaktiebolag.

6.6 Målet ska vara konkret och mätbart

En orsak till att många misslyckas med att nå det de vill, är att vi alldeles för ofta svävar på målet. Våra drömmar och planer är för luddiga, för odefinierbara. Resultatet blir då att de rinner ut i sanden. Därför gäller det att tydliggöra det du vill ha. Det är viktigt att sätta ord på vad du vill uppnå. Att som exempel vilja ha ett bättre jobb eller att tjäna mer pengar är inte specifikt. Konkretisera vilket jobb det handlar om, det gäller även vad du menar med mer pengar, en krona är också pengar men det är troligen inte den summan du tänker på.

För att kunna följa upp ett mål måste du veta vad det är du mäter. Är det oklart formulerat är risken stor att du inte vet vad du ska göra eller vad som ska uppnås. Det viktiga är att ta reda på vilka mål som är relevanta och vad som är viktigt att uppnå. Många företag och organisationer jobbar efter något som kallas för SMARTA mål. Begreppet står för specifikt, mätbart, accepterat, realistiskt och tidsbundet. Specifikt handlar om att det ska vara tydligt och avgränsat. Mätbart handlar om att du redan i förväg bestämmer hur du ska veta om målet är uppnått eller inte. De som förväntas jobba mot målet behöver acceptera och förstå det, och känna att det är möjligt att uppnå. Det ska också vara tydligt inom vilken tid målet ska vara uppfyllt. Rent allmänt brukar det vara svårt att koppla det övergripande målet som troligen är tydligt satt till olika medarbetares arbetsinsatser.

De flesta organisationer har tagit fasta på att målet ska vara konkret och mätbart men har inte tänkt igenom vad man egentligen vill uppnå. Att bara ta fasta på att de ska vara mätbara kan ibland leda en organisation väldigt fel. För ett antal år sedan såg jag ett tv-program som beskrev polisens arbete med ett poängsystem som hade utvecklats inom organisationen. Myndigheten hade ett poängsystem som sattes utifrån antalet »brott« som klarades upp. Under programmet visade man exempel på ett antal insatser som gjordes där polisen avslutade varje påbörjat ärende. Problemet var bara att det var enkla ingrepp som att ta hand om några A-lagare som satt och drack på en parkbänk och andra liknande fall. De var inte lika intresserade av att agera på de fall där allmänheten blivit utsatta för olika former av händelser som inbrott, rån, våldtäkt och liknande. Ärenden som troligen skulle kräva stora arbetsinsatser med låga poäng som följd. Ett annat exempel som nämndes handlade om polisens slumpmässiga alkotester. För att målet skulle bli konkret och mätbart sattes målet till antalet genomförda tester. För att göra det på ett effektivt sätt genomfördes testerna på vägar med hög trafikbelastning. Om målet hade varit att förbättra nykterheten på våra vägar skulle man ha valt de mindre trafikerade vägarna som sedan tidigare är kända för att förare med alkoholproblem brukade välja för att inte bli upptäckta.

Problemen uppstår när man väljer att mäta kvantitet i ställer för kvalitet. Det viktiga är att man förstår kopplingen mellan vad man egentligen vill uppnå och det man faktiskt mäter. I alla former av styrsystem som bygger på att mäta olika delar av verksamheten är att de som berörs lär sig optimera utfallet med allt mindre påverkan på det faktiska resultatet. Därför gäller det att hela tiden hålla fokus på »vad är det vi vill uppnå« och man behöver variera sitt sätt att ta reda på »hur det går« genom att helt enkelt byta sätt att mäta på.

En annan aspekt av att sätta och följa upp mål kan vara att uppnå olika former av beteendeförändringar. Det kan vara en butikschef som vill att butiksbiträdet ska följa med kunden till hyllan där produkten finns som kunden frågar efter i stället för att bara peka ut riktningen. Om butiksbiträdet sedan kritiseras för att varorna inte packas upp nog snabbt, kommer butiksbiträdets agerande riktas mot den handling som ger ett erkännande.

Handlar det om att du själv sätter upp mål för din egen utveckling uppstår inte den här typen av problem. I vilket fall gäller det för både företag, myndigheter och dig som enskild person att målet ska fylla kriterierna i ett SMART mål. Ett mål som du utmanas av och ger dig energi som krävs för att du ska känna att du vill sätta av den tid och de resurser som krävs för att nå dina mål. Som jag tidigare nämnt tycker jag du ska utgå från ett önskat läge och därefter inventera vilka resurser du behöver för att nå ditt mål. Involvera också andra i ditt mål, vilket gör att det blir svårare att bara lägga av och kanske också på olika sätt underlättar för dig att nå dina mål.

6.7 Avstämning av målsättningarna

Vi har tidigare konstaterat att det är viktigt att sätta upp tydliga och mätbara mål. Lika viktigt blir att stämma av resultatet. Avstämningen blir ett verktyg för vilka förbättringar som kan genomföras. En förutsättning för att vi ska lära oss något utifrån avstämningen är att den äger rum. Om resultatet är sämre än förväntat kan vi ställa oss frågan, vad vi kunnat göra annorlunda när vi nu ser utfallet. Vad kan vi lära oss för framtiden? Det är genom att göra avstämningen som vi kan göra korrigeringar, göra mer av det som fungerar och minimera det som inte fungerar.

När man sitter i en båt och har tagit ut kursen till ett bestämt mål, känns säkert avstämningen som en självklar åtgärd. Små avvikelser från kursen blir till stora avvikelser om man åker långt och inte har andra referenspunkter än kompassen att förhålla sig till. Varje kursavvikelse korrigeras då löpande.

Jag har på senare tid kommit i kontakt med ny teknisk utrustning som används i samband med golfträning. Under ett golfslag mäter utrustningen ett antal olika bollparametrar. I och med att resultatet redovisas på en skärm direkt efter slaget kan den som tränar göra korrigeringar av sitt sätt att slå golfbollen beroende på utfallet. Den som tränar får en bättre förståelse för vad som händer med boll och klubba. Den här typen av utvärdering ger information om vad som behöver förbättras.

På samma sätt är det i en organisation som löpande gör avstämningar som förhoppningsvis leder till små förändringar till det bättre. Om det pågår över tid, är jag övertygad om att det sker stora förändringar på samma sätt som när barnen växer och det blir märkbart när det gått några år.

Att fundera över:
- Varför är det viktigt med att sätta upp en målsättning, räcker det inte med att man gör sitt bästa?
- Vad är problemet med att formulera målet med en negation (som exempel »jag ska inte slå bollen i vattenhindret«)?
- Om du hade obegränsat med tid och resurser, vad skulle du då välja att göra?
- Möjliga livsmål för dig är att?
- Hur fungerar det på din arbetsplats, jobbar ni med resursstyrd eller målstyrd planering?
- Har du själv varit med om en målsättning som enbart mäter kvantitet och bortser från kvalitet?
- Har du själv formulerat dina egna livsmål?
- Håller du med om vikten av att löpande göra avstämningar?

- Har du varit med om att företaget eller organisationen som du jobbar på upprättat ambitiösa målsättningar och verksamhetsplaner, men inte genomfört avstämningar och ordentliga utvärderingar?

Egna anteckningar

_____

_____

_____

_____

_____

_____

_____

Att göra:
- Sätt dig i lugn och ro och känn efter vad du helst vill ändra på i ditt liv.
- När du har en eller två saker i tankarna, försök precisera dem så noggrant som möjligt. Föreställ dig att du har förverkligat detta slutgiltiga mål.
- När du är klar, tänk efter varför du vill nå det målet.
- Tänk så till sist efter vilka steg som kan leda till detta slutgiltiga mål.
- När du är klar, skriv då ner ditt slutgiltiga mål, ditt motiv och dina kortsiktiga mål.
- Skriv också ner hur du löpande ska stämma av resultatet.

7.0 Mental träning

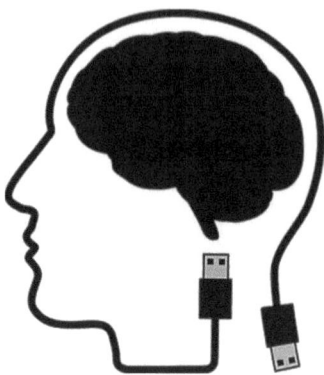

»Det är inte berget vi erövrar utan oss själva.«
(Sir Edmund Hillary)

7.1 Mental träning bakgrund

En av de första böckerna jag kom i kontakt med som handlade om personlig utveckling var Napoleon Hills bok »Tänk rätt bli framgångsrik«. I den boken ger han uttryck för den betydelse dina tankar har för dig. Det var bland annat den boken som väckte mitt intresse för ämnesområdet »Mental träning«. All framgång börjar med en tanke.

Jag fick tidigt höra talas om en intressant berättelse som handlade om Bob Beamon som i Mexico-OS hoppade 8,90 och vann längdhoppstävlingen. Beamons världsrekord i längdhopp vid OS 1968 är troligen friidrottshistoriens mest klassiska rekord. Noteringen var en förbättring med hela 55 cm och stod sig i 23 år fram till 1991. Berättelsen handlar om att han la en markering vid sidan av längdhoppsgropen vid sin då tänkta målbild. Innan Beamon påbörjade sitt längdhopp råkade en av funktionärerna sparka till markeringen som då flyttades fram en halvmeter. Berättelsen är troligen inte sann men jag tyckte den var spännande kopplat till hur hjärnan styr mot ett tänkt mål.

Det som sedan händer 1991 är helt otroligt. Då lyckas två längdhoppare i samma tävling slå rekordet som då var 23 år gammalt och betraktades som oslagbart. Det var Mike Powell och Carl Lewis som i samma tävling i en serie av hopp slog rekordet. Att det sker i samma tävling gör det hela intressant. När vi i tanken börjar tro på att det är möjligt påverkas prestationen. Det var Mike Powell som vann tävlingen över Carl Lewis. Mike Powells hopp står sig fortfarande som världsrekord i längdhopp.

Även om de flesta av oss inte sysslar med elitidrott, underlättar mental träning vår vardag. Det handlar om hur du kan lära dig hantera dina mentala processer, det vill säga hur dina tankar, bilder och känslor påverkar och styr ditt beteende och dina dagliga handlingar. I begreppet träning ingår att du på samma sätt som du tränar din fysik också måste öva och träna din mentala förmåga.

Mental träning hjälper dig att hantera stress och oro, tar dig närmare dina mål och ger dig ökad självinsikt. Träningen hjälper dig att hitta ditt inre driv, gör dig mer trygg i dig själv och ger dig ökad handlingskraft.

7.2 Kraften i avslappning

När man ser en liten bäbis imponeras man av hur den kan slappna av. Ibland händer det att man ser ett barn somna i de mest underliga situationer. Förmågan att slappna av reduceras för de allra flesta när vi blir vuxna. Vi kan alla känna igen oss i hur lätt det är att kroppen hamnar i ett spänningstillstånd. Vi skulle alla må bättre av att få tillbaka vår förmåga att slappna av. Att träna avslappning är ett sätt att lära känna sig själv bättre och kunna lyssna till olika signaler från kroppen. Avslappning handlar om att lära sig känna skillnaden mellan en spänd och en avspänd muskel. Du sänker din grundspänning och hittar ett tillstånd som du mår bra av att vara i. Avslappning är också grunden i mental träning.

Det som är lite speciellt med avslappning är att det inte går att tvinga sig till det, det gäller bara att tillåta sig slappna av. Även om det låter konstigt men den vanligaste svårigheten är motviljan att försöka. Du kommer att märka hur du blir bättre och bättre ju fler gånger du låter dig slappna av.

Personligen brukar jag använda mig av någon av de avslappningsövningar som finns tillgängliga på nätet. Tidigare var det kassettband, därefter cd-skivor.

> **Övning:**
> *Det här är en övning som du kan göra när du ligger eller sitter. Det tar två minuter att göra hela övningen en gång.*
> 1. *Ligg gärna ner på rygg på en mjuk matta, eller sitt bekvämt. Luta dig tillbaka om du sitter. Blunda om det känns bra för dig.*
> 2. *Ta ett par djupa andetag genom näsan och låt musklerna i magen slappna av.*
> 2. *Spänn hela kroppen samtidigt, från tårna till ansiktet, och lyft huvudet, benen och armarna ett par millimeter från golvet, men inte högre. Håll andan.*
> 4. *Håll kvar spänningen och fortsätt att hålla andan i tio till femton sekunder, eller längre om det känns bekvämt.*
> 5. *Andas ut och låt kroppen sjunka ner mot mattan. Ligg kvar en stund och låt andningen bli som vanligt. Känn att fötterna faller lite åt sidan. Känn att hela kroppen slappnar av.*

7.3   Djupandning som ett sätt att slappna av

Under tidigt nittiotal kom jag i kontakt med något som kallas för transcendental meditation. I samband med den träningen fick jag lära mig vikten av »medveten andning«.

Det som är speciellt med andning är att den styrs av det autonoma nervsystemet, vilket innebär att du inte behöver tänka på det. Du kan däremot ta över andningen medvetet genom att ta djupa andetag. Du kan också hålla andan, något som ofta sker i andningsövningar.

Det som ofta händer när du är stressad är att andningen blir ytlig, som innebär att du inte tar in lika mycket luft som när du andas i ett lugnt tillstånd. Det innebär att du inte får tillräckligt med syre. Våra celler är beroende av syre, något som krävs för att du ska fokusera och tänka klart. När du däremot är lugn och avslappnad andas du djupare, hela vägen ner till magen.

> **Övning:**
> *Det här är en vanlig övning som ofta nämns i litteraturen. Övningen innebär att du lär dig förbättra din andningsteknik. Det är en form av djupandning.*
> - *Ligg eller sitt ned. Placera den ena handen mitt på bröstet. Den andra handen lägger du på magen.*
> - *Dra in luften djupt genom näsan och så långt ned i lungorna som möjligt. Det ska kännas som om du fyller magen med luft när bröstkorgen utvidgas.*
> - *Håll andan i 8 sekunder och låt sedan luften sippra ut långsamt genom näsan utan att du pressar på. Ta cirka 4 sekunder på dig att andas ut och 2 sekunder på dig att andas in.*
> - *Gör övningen i 2–5 minuter.*
> - *Obs! När du inte övar på tekniken ska in- och utandningen vara lika långa och flyta ihop utan avbrott.*

7.4 Mental avslappning

När du jobbat med muskulär avslappning under en period och tränat upp förmågan till en fördjupad avslappning blir nästa steg att uppleva och lära in de mentala effekterna av avslappning som känslan av lugn och säkerhet. Målet med den mentala avslappningen är att du ska bli fullständigt lugn och säker, omgivningen skärmas av i den grad att störande ljud försvinner. Det blir din »dörröppnare« för det mentala rummet som beskrivs nedan. För att snabbt komma in i ett avslappnat tillstånd har jag själv använt mig av en trigger som fungerat för mig. Den går helt enkelt ut på att jag knyter handen och tar ett djupt andetag och håller sedan andan i cirka 10 sekunder. Sedan släpper jag spänningen i handleden och andas ut. Därefter följer några djupandningar. Det tar inte många sekunder för mig att komma in i den mentala avslappningen och den ger mig en omedelbar känsla av lugn.

7.5   Mentalt rum

Begreppet »det mentala rummet« är myntat av Lars-Eric Uneståhl. Många förflyttar sig till en särskild plats som ger dem lugn och avspändhet, det kan vara en strand eller en äng. Du kan gå ännu längre och göra ett speciellt rum i dina tankar. Ett rum som är precis som du själv vill ha det, med färger, form och möblering helt enligt din egen smak.

Det blir ditt alldeles egna krypin, bara ditt, om du inte själv väljer att tala om det för någon eller ber någon komma med dig dit. En tillflyktsort som du kan uppsöka närhelst du vill, där du kan få ro och samla nya krafter, slicka dina sår, samla tankarna och fundera. Det ska vara en plats dit du snabbt och lätt förflyttar dig när du än behöver någonstans att ta vägen, av vilka skäl som helst.

Personligen tycker jag om att tänka mig en solig dag på en strand där jag kan höra vågorna rulla in och jag känner värmen i sanden och hur solen värmer kroppen på ett behagligt sätt. Jag tycker om att befinna mig på stranden i solen när jag ska reflektera, utvärdera eller fundera kring mina målsättningar.

En del har sitt mentala rum på en bergstopp med en underbart vacker utsikt över dalen, de kan också se havet från bergstoppen. Från den platsen med sin utsikt får de distans till de problem som de möter i sin vardag.

7.6   Trancetillstånd

Det finns ett tillstånd mellan vaket och sömn som kallas för trance. Det kan beskrivas som det du upplever när du försvinner i dina tankar. Du hör inte det som händer runt omkring dig och är inte heller medveten om tiden. En del kallar det för ett förändrat medvetandetillstånd. Först under senare år har mer vetenskapliga bevis kunnat påvisa att trance är ett speciellt tillstånd i hjärnan. Det är då du är tillgänglig för hypnos och därmed mottaglig för den information du får del av. Den hypnotiska förmågan varierar mellan olika individer.

Hypnosupplevelsen ligger nära vanlig avslappning, du kan få fria associationer på samma sätt som du ibland får i samband med livliga dagdrömmar, nattdrömmar och andra liknande upplevelser.

Jag minns att jag läste om en forskare som jag nu inte kommer ihåg namnet på, som upplevde ett trancetillstånd i samband med att han stod och väntade på bussen. Han hade stått ganska länge i lugn och ro, då han plötsligt såg lösningen på ett problem han tidigare hade fastnat i. Tidigare låsningar försvann och lösningen blev tydlig och självklar.

Milton Erickson, en känd amerikansk psykiater som var specialiserad på hypnos och familjeterapi, påstod att all hypnos är självhypnos. En person kan guida dig in i trance men du har alltid kontrollen och styr själv. Ingen kan försätta dig i ett tillstånd du inte själv vill vara i.

I trance använder och lär sig hjärnan av de inre upplevelserna, på samma sätt som den lär sig av de yttre vardagliga händelserna i vårt vanliga liv. Hypnos fungerar därför utmärkt när du vill påverka dina tidigare upplevelser av svåra situationer. Då du upplevde den svåra situationen kunde du troligen inte göra något åt det. Nu under hypnosen kan du göra annorlunda, du kan befria dig från det känslomässiga tryck som händelsen gav upphov till.

7.7   Fantasins betydelse

Jag har i ett tidigare kapitel nämnt den israeliska författaren Yuval Hararis bok Sapiens. Han beskriver i boken fantasins betydelse för mänsklighetens utveckling. Människan har en unik förmåga och det är att kunna fantisera. Vi kan dessutom kommunicera med varandra om saker som enbart existerar i fantasin.

Mental träning handlar om det som händer i huvudet på oss varje dag. Där pågår ju ständigt mentala processer av tankar, bilder, attityder och känslor. Det som skiljer oss människor åt, är innehållet i dessa processer. Eftersom vårt undermedvetna inte kan skilja på en verklig bild och en bild vi skapar i fantasin, tror hjärnan på det som du matar in i huvudet som sant. Jag minns att jag för många år sedan lyssnade på en föreläsning med Tomas Gustavson. Under 80-talet var han en skridskoåkare på elitnivå, med tre OS-guld som han vann 1984 och 1988. Han berättade om att han vid den här tiden jobbade med mental träning. Eftersom hjärnan inte kan skilja på en verklig bild och en bild som vi skapar i fantasin, fungerar det med att i fantasin åka loppen snabbare än han gjort i verkligheten. Efter att ha tränat loppen i »fantasin« tillräckligt många gånger börjar hjärnan tro att de ägt rum i verkligheten. Har man väl gjort det en gång går det ofta att göra fler gånger. När han därefter genomförde loppen på banan var han trygg med att det skulle gå bra. Hjärnan visste att han gjort loppet ett flertal gånger innan.

Vi kan ha tankebilder, som antingen hjälper oss eller stjälper oss. Om du redan innan vet att det inte kommer att fungera kommer det budskapet också att infrias. Om du säger till hjärnan att du kommer riva ribban i samband med en höjdhoppstävling, ser den till att så också sker. De flesta golfspelare känner en oro inför ett vattenhinder. Spelaren ser i sitt inre en bild av att bollen plumsar i vattnet. Innan han slår i väg bollen, säger han tyst till sig själv: »Jag får inte slå ner bollen i vattnet, som jag brukar göra här.« När slaget senare genomförs bekräftas oron och bollen plaskar till i vattnet.

På liknande sätt kan säljaren som ska göra sitt kundbesök få en inre bild av att han kommer att bli avvisad. Han vill heller inte ta kundens tid i anspråk i onödan. Den mentala träningens syfte är att du ska kunna lära dig ta kontroll över dina tankar, bilder och känslor. Säljarens inre bild borde i stället ha varit att kunden blir glad över besöket, eftersom säljaren har de resurser som krävs för att hjälpa kunden. Säljaren känner sig trygg inför besöket och vet att hen kommer att motsvara kundens förväntningar.

I mental träning får du lära dig att styra kroppen, med bilder i stället för att «ta i». När du anstränger dig, blir det ofta det motsatta resultatet. Om du anstränger dig, för att exempelvis somna, ligger du vaken – eller för att bli lugn, blir du i stället orolig. Tar du i för att springa fortare, går farten ner, etcetera.

Genom att bildmässigt bestämma vad du ska göra – och sedan lämna utförandet till kroppen och sinnet – kommer du att spara mycket energi.

Övning:

Den här övningen brukar benämnas som den »oböjliga armen«, det är en mental övning som visar på »målprogrammering«. I övningen ska ni jobba två och två. Be din kamrat sträcka ut sin arm, varefter du fattar tag i handen och armvecket och försöker böja armen medan din kamrat anstränger sig till det yttersta för att hindra dig att böja armen. Känn efter hur mycket du måste ta i för att böja armen.

Ge nu en ny instruktion som går ut på att din kamrat ska göra en målprogrammering. Din kamrat ska föreställa sig att armen är gjord av svenskt stål och att den går rakt igenom väggen på andra sidan, vilket innebär att den är oböjlig. Armen går inte att böja, den sitter fast i väggen. Pröva sedan att böja hens arm. När ni försöker böja armen, undvik att rycka till, börja långsamt och mjukt, sedan öka efter några sekunder med full styrka. Skifta gärna, så att ni bägge får pröva det här.

De flesta som prövar det här första gången blir väldigt förvånade över hur mycket starkare man blir utan att ens ta i. Trots att det är mycket svårare att böja armen andra gången, så har man ingen känsla av att man tar i.

Hur kommer det sig att armen lättare böjer sig, när man satsar alla krafter för att hålla armen rak? Förklaringen ligger i det faktum att du just inte tar i. När du använder den vanliga kontrollen och viljemässigt spänner armen, ja, då spänns alla muskler i armen, det vill säga inte bara de muskler som håller armen rak, utan också de muskler som böjer armen.

När du sedan använder dig av det andra sättet, då gör du en målprogrammering, det vill säga du föreställer dig det som ska ske. Sedan vet armen vad den ska göra för att nå målet. Armen vet vilka muskler som ska spännas, hur stor spänning det bör vara i dem, och vilka muskler som inte ska spännas.

7.8 Synapser

För varje tanke du tänker, allt du gör, ser, hör, känner lukten av, smakar på och vidrör – finns det en neuronkedja. En nervcell eller neuron är en elektrokemisk celltyp som är ansvarig för mottagandet och överförandet av nervimpulser. Nervcellerna kommunicerar med varandra i punkter som kallas synapser. I synapserna lagras också information. Våra minnen är exempelvis förändringar i synapsernas strukturer.

Anledningen till att jag tar upp ämnet kring synapser är att tankar är resultatet av synkroniserade aktiviteter i hjärnan. Varje tanke ger upphov till en ny hjärnbana. Hjärnan är formbar – plastisk, vilket innebär att du alltid kan ändra dina tankemönster.

Med tanke avses medvetande, avsikt, föreställning, koncept och de mönster med vilka du uppfattar och svarar på omvärlden. De kan vara präglade, men inte statiska – eller huggna i sten – utan kan förändras genom en medveten insats. Det är den insikten som är basen för kognitiv terapi, meditation och mindfulness.

Tankarna är på samma sätt som känslorna och andningen – en av de starkaste reglerade faktorerna för ditt välbefinnande. Beroende på vad du tänker påverkas andningen, och energinivå höjs eller sänks. Med hjälp av andningen och tankarna kan du påverka ditt välmående. Därför är det viktigt att förstå hur tankarna fungerar, så att de kan bli positiva skapande redskap för dig.

Med den kunskapen blir det viktigt att inte låta dig styras av »dåliga tankar«, utan i stället skapa nya – positiva – tankar om dig själv. Du kan skapa nya tankebanor med hjälp av dina synapser. Ju mer en signalväg används, desto starkare blir den, som i sin tur skapar minnen och vanor. Det gäller i båda riktningarna. Dåliga vanor och beroenden kan skapas på samma sätt som positiva vanor och beteenden. Var uppmärksam på dina nuvarande attityder och hur de påverkar dig.

7.9   Affirmationer

Varje dag tänker du tusentals tankar – ofta är det samma tankar flera gånger per dag. De här tankarna kan vara påståenden om hur du uppfattar dig själv, ofta är flera av dessa tankar negativa. Ett sätt att komma till rätta med dessa negativa påståenden om dig själv är att jobba med något som kallas för affirmationer.

En affirmation är en medvetet vald, positiv instruktion till dig själv som hjälper dig att skapa det du vill ha, eller ha mer av i ditt liv. Det handlar om din egen förändring och ska formuleras som om den redan var sann. Det undermedvetna kan inte skilja mellan sanna och påhittade påståenden.

Att jobba med affirmationer kan därför vara ett sätt att förändra dina tankar och dig själv och dina möjligheter. För att förankra affirmationer i dig själv kan du skriva dem, läsa dem, sjunga dem, sätta upp dem på någon synlig plats, säga dem högt osv. Om du använder dig av ett positivt påstående om dig själv på ett medvetet sätt och upprepar det nog många gånger kommer det på sikt att bli till en sanning. Samma sak gäller om du nog många gånger upprepar ett negativt påstående om dig själv. Då blir det också till en sanning.

Att välja sina affirmationer är betydligt lättare än vad det låter. Börja med att fundera över vad du önskar att förändra, alternativt förstärka, hos dig själv. Formulera dina affirmationer som en mening och som om det redan har inträffat. Var noga med att endast använda dig av positiva affirmationer. Tro på dina påståenden. Det finns gott om exempel på hur de kan formuleras, det kan som exempel vara »jag är stolt över mig själv och allt jag har åstadkommit«, »jag duger som jag är« osv.

7.10   Visualisering

Det blir allt vanligare bland idrottsmän att använda sig av visualisering i sina tränings- och tävlingsförberedelser. Visualisering är en mental teknik som innebär att du skapar eller återskapar erfarenheter med hjälp av dina sinnen. En av genom tidernas bästa golfspelare Jack Nicklaus har sagt att han aldrig slog ett slag utan att först se det i sitt inre.

När man ser utförsåkare på tv stå och förbereda sig inför ett lopp är det vanligt att de blundar och visualiserar loppet. Man ser det genom att de för handen fram och tillbaka, tar varje sväng och port i banan. Genom den förberedelsen vet de hur de ska tackla eventuella problem som kan tänkas uppstå. Med den förberedelsen har de åkt nerför backen ett antal gånger i sitt huvud innan loppet ska åkas på riktigt. Jag vet att det utfördes ett test på Ingemar Stenmark under hans storhetstid, där han fick åka ett visst lopp i sin fantasi. Man tog även pulsen före och efter loppet. När sedan loppet genomfördes i det verkliga livet blev tiden i stort sett identisk med det lopp som genomfördes i fantasin.

Att ha självförtroendet att man kan klara uppgiften är lika viktigt som att ha tekniken eller den fysiska kapaciteten för att vinna sin tävling.

7.11 Målprogrammering

Det mesta vi gör under en dag gör vi utan att tänka på det. Man kan med andra ord säga att det går på automatik, som exempelvis när du kör bil till jobbet. Du funderar inte över vilka vägval du gör, hur du ska göra för att växla ner eller hur du ska genomföra en omkörning osv. Det kan till och med vara så att du fortsätter köra till jobbet, även när du inte ska dit, programmet sitter där. Du vet vart du ska och hur du tar dig dit.

Ett känt exempel som ofta brukar användas när det gäller målprogrammering handlar om karateslaget. Jag tyckte själv att det skulle vara ett bra exempel att använda i olika sammanhang för att pedagogiskt illustrera vad målprogrammering är. För att göra det krävdes att jag själv i en trygg miljö testade om metoden fungerade. För att komma vidare läste jag om hur det skulle genomföras. Enligt instruktionen skulle jag slå handflatan genom en bräda. Brädan skulle läggas mellan två bockar på en lämplig höjd, för min del i midjehöjd. Det viktiga var att skapa en punkt under brädan. Därefter föra handen ovanför brädan till den punkten under brädan. Det gällde att skapa en mental bild där brädan inte fanns, det enda jag skulle se var punkten under brädan. Om jag däremot tittade på brädan (hindret) var risken stor att handen skulle hindras av brädan och med skador som följd.

När jag först testade i min ensamhet var det med tunna brädor. När jag efter en tid kände mig säker på hur det skulle utföras, ropade jag på mina två söner som vid den här tiden var åtta och tio år. De var fyllda av förväntan och såg fram emot min uppvisning. Jag berättade om teorin som gick ut på att mentalt ta bort hindret och enbart fokusera på målet, som i det här fallet var en punkt under brädan. När jag skulle utföra övningen var det slut på de tunna lämpliga bräderna. Jag tog i stället en alldeles för tjock bräda. När jag genomförde karateslaget insåg jag problemet och blev rädd. Hindret blev tydligt, handen studsade på brädan och jag fick väldigt ont. Pojkarna blev besvikna över min uppvisning. De har vid olika tillfällen därefter påmint mig om karateslaget. Teorin med att fokusera på målet gäller naturligtvis även i dag, sedan krävs en hel del träning och full koncentration på målet när karateslaget ska genomföras. Pröva inte detta hemma, det finns risk för att lederna skadas. När man i dag tar upp den här teorin brukar man använda en blyertspenna som hinder i stället för en bräda.

I målprogrammeringen ingår att ta fram de bilder du vill ska vara styrande, om du gör det på ett bra sätt blir det som en självuppfyllande profetia. Om bilderna av framtiden har planterats in i ditt inre och finns med dig i fortsättningen, kommer de att påverka dig utan att du ens behöver fundera på det. Målet blir då som en magnet som drar dig framåt.

Övning:

Sträck ut händerna rakt framför dig med handflatorna nedåt och slut ögonen. Skapa bilden av hur du placerar en hink runt din högra handled och hur någon börjar ösa sand i den. Upplev hur hinken blir tyngre och tyngre och drar din högerarm nedåt. Medan du låter detta ske kan du skapa bilden av hur en gasballong fästs runt din vänstra handled och hur den ballongen börjar dra din vänsterarm uppåt. Upplev samtidigt hur din högerarm blir allt tyngre och din vänsterarm allt lättare. Efter ett tag kan du öppna ögonen och titta efter hur du håller armarna.

Att fundera över:

- Varför tror du att vår förmåga att slappna av reduceras för de allra flesta när vi blir vuxna?
- Skulle du ha användning för ett eget mentalt rum?
- Hypnosupplevelsen ligger nära vanlig avslappning, fria associationer på samma sätt som du kan uppleva i samband med livliga dagdrömmar, nattdrömmar och andra liknande upplevelser. Har du själv upplevt ett tillstånd som kallas för förändrat medvetandetillstånd?
- Tror du på påståendet att vårt undermedvetna inte kan skilja på en verklig bild och en bild vi skapar i fantasin?
- Om du tror på ovanstående påstående, vad får det för konsekvenser?
- Tror du på påståendet att vi kan ändra våra tankebanor?
- Tror du på att om du använder dig av ett positivt påstående om dig själv på ett medvetet sätt och upprepar det nog många gånger kommer det på sikt att bli till en sanning?
- Tror du på påståendet att du med hjälp av visualisering kan skapa eller återskapa erfarenheter med hjälp av dina sinnen?

Egna anteckningar

_____

_____

_____

_____

_____

_____

_____

Att göra:

- Hitta en »avslappningsövning« via nätet, gärna en version som är ungefär 15 minuter lång. Det finns många avslappningsprogram som innehåller en systematisk genomgång av kroppen. Själv brukar jag använda mig av en metod som innebär att jag först spänner en muskel, för att därefter låta bli att spänna. Avslappningen uppstår när du släpper spänningen, något som kallas för progressiv avslappning. Att lära sig avslappning är en bra grund för att därefter kunna gå över till mental avslappning. Träna avslappning under en vecka.
- Nästa steg blir att gå över till en kortare version av avslappning som beskrivs i kapitel 7.2. Övningen tar inte mer än 2 minuter. Genomför övningen under två veckor.
- Genom avslappningsövningarna lär sig kroppen och sinnet vad avslappning är.
- Genom att ofta genomföra avslappningsövningarna får du avslappningen att komma snabbare.
- Sök därefter via nätet en form av mental träning som innebär att du genomför en form av »självhypnos«. Det kan handla om att få bättre självförtroende eller något annat som stämmer utifrån dina behov.
- Du kan också själv läsa in en text som handlar om dina mål och vad du vill uppnå och vad du kommer att uppnå genom att nå dina målsättningar.

8.0 Submodaler

»Ta vara på ditt liv för nu är det din stund på jorden.«
(Vilhelm Moberg)

8.1 Vad är submodaler?

NLP består av framgångsrika strategier, modeller och verktyg för utveckling och kommunikation. Grundarna till NLP, Richard Bandler och John Grinder, funderade på vad det är som skiljer människor som gör något med lätthet, elegans och fulländning, från de som inte gör det. När man jobbar med NLP-modeller och verktyg, är man mer intresserad av sammanhanget, strukturen och processen än innehållet i upplevelsen. I stället för att se händelser som något statiskt, fokuserar NLP på vad som faktiskt går att påverka.

Du använder dina sinnen till att ta in världen och ge dig information om vad som händer i din omgivning. Du tar in mer information än du kan hantera. Ditt medvetande klarar bara av att hantera en bråkdel av alla intryck som kommer emot dig. Du filtrerar ljuden du hör, bilderna du ser osv. Det sker mot bakgrund av vad du tidigare varit med om och dina tankar om framtiden. Lukten av en viss parfym kan föra dig tillbaka till den första träffen med din nuvarande partner och ett musikstycke kan göra att du minns en speciell händelse på gott och ont. Lukten av nybakade bullar kan göra att du associerar den med mammas nybakade bullar som du åt med förtjusning när du var liten. Ljudet av polissirenen kan göra att du får en obehaglig känsla då du minns böterna som du blev tilldelade i samband med en fortkörning osv.

Tänk dig dina fem sinnen, syn, hörsel, lukt, smak och känsel som modaler. Varje sinnesintryck är i sin tur representerade i en massa mindre delar som i NLP kallas för submodaler. Det är submodalerna som bygger upp dina inre bilder och känslor. Som exempel kan en bild av något du ser, beskrivas med hur det känns, luktar, smakar och ser ut. Som exempel kan en mental bild vara i färg eller svartvit, stilla eller rörlig, skarp eller suddig. Ljud kan vara i stereo eller mono, högt eller lågt. Känslan kan vara varm eller kall, den kan vara placerad på olika ställen i kroppen osv. En annan dimension är om du ser bilden med dina egna ögon och att du är närvarande med alla dina sinnen i stället för att betrakta det som händer som om du var en kamera eller en fluga på väggen som betraktar något på distans. Ovanstående är bara några exempel på olika submodaler.

Ditt nervsystem skiljer inte på en verklig händelse och en händelse som du skapat i din fantasi. Det är för att du kan justera och skapa nya minnen.

Tänk på en citron. Tänk på färgen, formen, lukten, smaken. Föreställ dig citronen framför dig. Känn citronen i handen, hur känns skalet? Tänk dig att du skär citronen på mitten. Du har nu skurit den, ta en halva, och pressa citronen så att det kommer citronsaft i munnen som du smakar och sväljer. Ovanstående exempel visar på hur starkt en tanke på något kan påverka vårt smaksinne.

8.2 Varför ska du arbeta med submodaler?

Det är inte ovanligt att tidigare händelser ligger kvar i minnet och gör sig påminda i tid och otid, något som påverkar dig på ett negativt sätt. Det kan också vara att du går och ältar en händelse som kan ha ägt rum för många år sedan. Jag har läst om och sett filmer som handlar om krigsveteraner som överlevt kriget men som inte klarat av att leva med minnena från kriget. Jag lyssnade på ett föredrag där föredragshållaren berättade om hur soldaterna under en lång tid förbereddes för kriget, men inte på vad som skulle hända när de kom tillbaka till det civila samhället efter sin tjänstgöring. För en del av krigsveteranerna har det slutat i självmord då de inte lyckats med att anpassa sig till det nya livet.

Det behöver inte vara så dramatiska händelser för att de kan ge tråkiga minnen. Tankar på en oförrätt kan ta många timmar om dagen i anspråk och ligga kvar i minnet samt göra sig påmind. Den som berörs går då omkring och ältar tidigare händelser flera timmar om dagen. Om ältandet får pågå, påverkas även framtiden för vederbörande som mår dåligt över något som ägde rum för många år sedan. Värdefull tid går förlorad som skulle kunna användas på ett mer konstruktivt sätt.

Kunskapen kring submodaler är också användbar när du vill förändra en vana som är destruktiv för dig eller om du vill jobba med att ändra begränsande föreställningar om dig själv.

8.3   Hur fungerar det?

När du jobbar med den här typen av frågor underlättar det om du får hjälp av en vän. Du som upplever problemet kommer jag att kalla utforskare och den som hjälper dig att lösa problemet för guide.

Mitt första exempel handlar om en person som har problem med sin chef som vederbörande upplever som »jobbig«. Chefen beter sig som en »alfahane« med ett väldigt stort ego som hela tiden kräver bekräftelse. Guiden frågar utforskaren om hur hen ser bilden, hör samt känner. Utforskaren svarar att hen ser chefen som en stor »fet« man som står nära och pratar med en hög och gäll röst. En röst som väcker känslor av obehag. Guiden frågar vidare, vad som händer om bilden flyttas bort till en annan del av synfältet och förminskas till ett litet »frimärke«? Vad händer om rösten ändras från en hög, obehaglig röst till en »Kalle Anka-röst«? Låt glitter falla ner från luften när den nu lilla distanserade personen pratar med en »Kalle Anka-röst«. För de allra flesta innebär den här övningen en annorlunda upplevelse av sin chef. Nästa möte kommer troligen inte att upplevas lika obehaglig, om bilden av en stor »alfahane« har förminskats till ett frimärke som pratar med en »Kalle Anka-röst«. Om bilden förändras kommer troligen också framtida möte att förändras till det bättre, då medarbetaren kan möta sin chef utan rädsla och obehagskänslor.

Nästa exempel handlar om en annan typ av problem. I det här fallet har utforskaren problem med en ovana att äta alldeles för mycket kexchoklad. Problemet har blivit så pass omfattande att utforskaren börjar få problem med ökad vikt och vill därför få hjälp med sin ovana. Guiden ställer ett antal frågor till utforskaren som handlar om kexchokladen. I slutet av det här kapitlet ger jag exempel på frågor som brukar ställas för respektive sinne. Min beskrivning nedan blir en förenkling av den processen.

Om vi antar att utforskaren svarat att han ser bilden av kexchokladen i färg som en stor vacker bild av något han älskar som ger en varm skön känsla av välbehag och lugn. Utforskaren får därefter motsvarande frågor om en maträtt som han inte tycker om. Om vi antar att utforskaren säger att han ser en bild av maträtten i svartvitt på avstånd i nedre högra hörnet som något suddigt och äckligt. Utforskaren får en känsla i halsen av några klumpar som är svåra att tugga och svälja. Han känner också att magen håller på att vändas ut och in samt får en känsla av att vilja spy. Därefter leder guiden in utforskaren i de bilder och känslor som motsvarar maträtten han inte tycker om och byter ut den till kexchoklad. Bilden är i svartvitt och finns i det nedre högra hörnet. Bilden är suddig och blir nu en äcklig bild på något brunt och otydligt som ger en känsla av något som han inte vill ta in i munnen utan att spy.

Genom att ändra submodalerna från den första beskrivningen av kexchokladen som är en klar och tydlig bild i färg som är ljus och placerad på ett visst ställe till en svartvit, suddig bild placerad på en annan plats i synfältet. Submodalerna som handlar om smak, lukt och känsla ändras, vilket i sin tur påverkar upplevelsen av kexchokladen. Utforskaren kommer fortsättningsvis att undvika kexchoklad till varje pris.

Jag var själv med och lyssnade på en övning där utforskaren ville sluta äta pizza. Nu kan man naturligtvis fundera på varför någon vill sluta med något som är så trevligt. I det här fallet ledde guiden in utforskaren i en bild där pizzan byttes ut mot spya. När jag en tid efter övningen träffade utforskaren berättade han att han nu inte kan se en pizza utan att få en dålig smak i munnen.

Du kan ha en inre röst som säger något som gör att du börjar tveka. Om du upplever att din inre röst är till mer besvär än nytta kan du göra förändringar. Analysera rösten och välj vad du vill göra med den. Om rösten är för hög, kan du välja att sänka volymen. Vad händer om du ändrar den till en varm och ljus röst som talar till sin bästa vän? Vem vill höra på en hög kritisk röst?

Du kan själv börja orientera dig kring vilka submodaler som berör dig. Tänk dig en upplevelse när du höll ett tal till din kompis som fyllde jämna år och du kände att allt fungerade. Skämten fungerade och du fick in de lite djupare delarna i talet bättre än du kunde drömma om. Inget kunde gå fel, allt flöt på. Du ser leendet på deltagarna, deras värme och beundran. Upplev dina känslor, det varma självförtroendet i dig. Fundera på hur du ser bilden av dig själv. Är den svartvit eller i färg? Är du själv i upplevelsen eller ser du den som en fluga på väggen? I slutet av kapitlet finns fler exempel på olika frågor för att identifiera submodaler.

Arbetet med att identifiera olika submodaler kan kännas lite ovant från början. Ge inte upp, pröva dig fram för att hitta de kritiska submodalerna. Ofta är det en mindre handfull submodaler som är viktiga i förhållande till att ändra en upplevelse av något som har hänt. Vad det är varierar från person till person. Ofta har avstånd och ljus stort inflytande på mentala bilder.

Pröva att koppla submodalerna från en rolig uppgift till en tråkig uppgift, till exempel känslan av njutning, som kan länkas till produktiva saker du vill göra. Det finns olika övningar för detta.

Även minnen av tidigare händelser består av olika submodaler. Det kan vara i form av bilder, ljud, känslor, lukt och smak. Den tidigare tråkiga upplevelsen som du ser i svartvitt lågt i synfältet, kan eventuellt förändras om du gör bilden i färg och »lyfter upp« bilden. Din upplevelse av de dova rösterna du hör på avstånd kanske ändras om du gör ljuden mjukare och varmare osv. Genom att på olika sätt påverka dessa submodaler kan upplevelsen av den tidigare tråkiga händelsen förändras.

Övning:

Ta fram något som du känner rädsla för. Kan vara för ormar eller något liknande som du känner en rädsla för. Gå tillbaka till ett minne där du senast upplevde den känslan. Hur stor var ormen? Ändra din bild av ormen, låt bilden av ormen krympa till bara en punkt. Vad händer med din känsla när bilden krymper? Skicka sedan i väg pricken som föreställer ormen långt bort. Gör minnet av ormen otydlig så du inte kan se den. Pröva dig fram på olika sätt tills du märker att känslan för det som ger dig obehag försvinner.

8.4 Exempel på olika frågor för att identifiera submodaler

Visuellt – vad du ser
- Kan du se bilden?
- Är bilden nära eller på avstånd?
- Är den i färg eller svartvit? – Är den i fullt färgspektrum? – Är färgerna tydliga eller bleka?
- Är färgen ljus eller mörk? – Är bilden mörkare eller ljusare än den brukar?
- Är det en skarp kontrast eller mer oskarp?
- Är bilderna i fokus eller är de suddiga?
- Är bilden slät eller grov?
- Är för- och bakgrund detaljerad?
- Kan du se detaljerna som en del av bilden eller måste du skifta fokus för att se dem?
- Hur stor är bilden? (specifikt)
- Vilken form har bilden? (rund, kantig, osv)
- Har bilden en ram?
- Är kanterna skarpa eller glider de?
- Har ramen en färg?
- Var i rummet är bilden placerad?

- Visa med dina händer var du ser bilden/bilderna?
- Är det en film eller stillbild?
- Hur snabb är rörelsen? Snabbare eller långsammare än normalt?
- Är bilden stabil?
- Kan du se dig själv i bilderna eller är det som om du ser från dina egna ögon?
- Från vilket perspektiv ser du den?
- (Hur dissocierat) Kan du se dig själv från höger, vänster, framifrån eller bakifrån?

Auditivt – ljud
- Plats / riktning: var kommer ljudet ifrån?
- Höjd: är de höga eller låga toner? Högre eller lägre än normalt?
- Tonalitet: vad är tonaliteten?
- Melodi: är det monotont eller melodiskt?
- Volym: hur högt eller mjukt är det? I en dålig situation kan du göra ljuden mjukare (sirener, ylande).
- Tempo: hur snabbt eller långsamt är ljudet?
- Rytm: har den ett slag?
- Mono / Stereo: Kan du höra ljudet från ena sidan eller båda sidorna?
- Avstånd: är ljudet nära eller långt i från?
- Varaktighet: hur länge hörs ljudet?
- Är ljudet huvudsakligen verbalt eller tonalt?
- Hur klart är ljudet? (Kommer ljudet som om du lyssnade på det genom de bästa högtalarna i världen?)
- Är ljudet kontinuerligt eller finns det pauser eller tystnader?
- Intensitet?
- Internt eller externt?
- Hur unikt är ljudet?
- Finns det en intern dialog? Vad är det för dialog?

Kinestetisk – känslan
- Intensitet: hur stark eller svag är känslan?
- Hur skulle du beskriva det? Varmt, kallt, avslappnat, spänt osv?
- Plats: Var känner du det i din kropp?

- Rörelse: Finns det rörelse i känslan? Är rörelsen konstant eller kommer den i vågor?
- Riktning: Var börjar känslan? Vart rör den sig?
- Hastighet: blir känslan långsamt starkare eller kommer den på en gång?
- Område: Var känner du det i din kropp? Stor eller liten?
- Form: Vilken form är känslan?
- Storlek: hur stor är den? Varifrån går det?
- Vikt: Är den tung eller lätt?
- Vibration?
- Textur?
- Färg?
- Är känslan konstant eller håller den på och av?
- Temperatur: är det en varm eller kall känsla?
- Har den ett visst tryck?
- Är den transparent eller fast om du rör den?
- Vilka typer av känslor är inblandade?
- Internt eller externt?

Att fundera över:
- Tror du på tanken att minnen kan förändras genom att ändra submodalerna enligt ovan?
- Varför är det viktigt att kunna påverka minnet av tidigare händelser?
- Tror du på tanken att tidigare händelser ligger kvar i minnet och gör sig påmind i tid och otid, som i sin tur påverkar självförtroendet på ett negativt sätt?
- Tror du det är vanligt att man ältar händelser som hände för väldigt många år sedan?
- Tror du det går att påverka sina »matvanor« i likhet med beskrivningen som handlade om ovanan att äta för mycket kexchoklad?

Egna anteckningar

_____

_____

_____

_____

_____

_____

_____

Att göra:

- Fundera på en uppgift som du inte tycker om att utföra. Det kan vara att städa ditt hem, eller att gå igenom din egen bokföring om du är egen företagare eller något likande. Ta submodalerna från en rolig uppgift till en tråkig uppgift. Tanken är att länka det du känner glädje av att göra till de uppgifter som du drar dig för att utföra.
- Fundera på en känsla som du vill försvaga. Börja med att föreställa dig en bild, är bilden i färg eller svartvit? Om den är i färg kan du pröva med att göra den svartvit. Kontrollera om känslan förändras. Om känslan blir sämre när du gör den svartvit, gå tillbaka till färg och pröva med att göra den klarare och ljusare. Pröva dig fram för att öka kunskapen om dina submodaler.

9.0 Sluta skjuta upp det vi vet att vi ändå måste göra

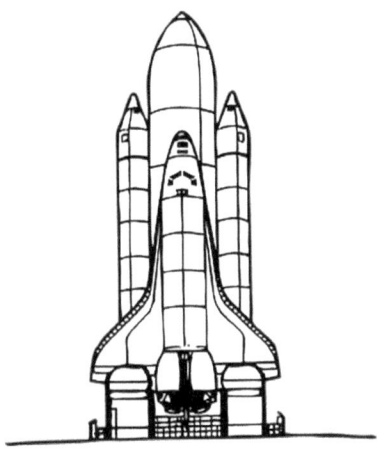

»Skjut inte upp till i morgon det som kan avnjutas i dag.«
(Josh Billings)

9.1 Mel Robbins, fem sekunders-regeln

Det här avsnittet handlar om ett väldigt viktigt ämne, nämligen problemet som vi nästan alla har mer eller mindre lätt för, nämligen att skjuta upp det vi vet att vi förr eller senare behöver göra.

Jag har tagit stort intryck av en kvinna som heter Mel Robbins. Hon är en amerikansk advokat, tv-värd, författare och väldigt känd talare. Hon har själv berättat i ett TED-talk att hennes liv vid 41 års ålder var i en enda röra. Hon var arbetslös, verksamheten hon drivit stod inför en konkurs, äktenskapet knakade i fogarna och hennes självförtroende var i botten.

Det var en kamp för henne att bara komma ur sängen. Varje morgon när väckarklockan ringde, visste hon vad hon behövde göra, men ångesten kom krypande och det slutade med att hon låg kvar i sängen. De minsta sakerna kändes jobbiga, hon kände bara att hon ville ge upp. Det var i den känslan hon såg en raketuppskjutning i tv. Det hon fastnade för var nedräkningen av raketen.

Hon kunde inte släppa känslan av raketuppskjutningen och nedräkningen. Hon kom då på den unika idén med att pröva den på sig själv. När hon skulle kliva upp på morgonen räknade hon ned, 5 – 4 – 3 – 2 – 1. När hon slutat nedräkningen kände hon hur hon blev uppskjuten ur sängen. Nedräkningen tar fem sekunder. Det är precis den tid det tar innan hjärnan börjar fatta att det är något på gång. Om det tar längre tid kommer hjärnan att börja övertala dig att bli kvar i sängen och fortsätta sova. Hjärnan finns där för att skydda dig mot alla tokiga idéer som att kliva upp för tidigt i stället för att bli kvar i värmen. Finessen med att räkna ner är just att det slutar efter ett. Om du i stället räknar från ett och framåt kommer du att fortsätta räkna och sedan bli kvar i sängen eller om det är att bli kvar i tv-soffan.

Problemet för de allra flesta är inte att de inte vet hur de ska göra med sina idéer som de går och bär på. Allt finns att läsa på nätet, du får lätt fram det du vill veta efter en snabb Google-sökning. Om inte annat finns det böcker att låna på biblioteket. Då är frågan: varför har du inte fixat det du vill? Att veta vad man ska göra kommer aldrig att räcka. Det är inte så enkelt som att »bara göra det«. Om det var så enkelt skulle vi alla ha allt vi vill ha. Det som hindrar oss är våra egna känslor och rädslan att göra bort oss.

Om du inte känner för att göra det du behöver göra, kommer du inte att göra det. Det är därför du behöver fem sekunders-regeln som Mel Robbins har utvecklat.

Det som är lite speciellt med fem sekunders-regeln är att den fungerar utmärkt i de lägen där vi borde agera men där vi börjar tveka beroende på att hjärnan hinner fatta att vi kommer att göra något obehagligt. Den gör då allt för att vi inte ska försätta oss i en pinsam situation. Det kan vara att ställa den obekväma frågan på arbetsplatsmötet, att gå fram och be om ett lönesamtal med din chef, eller att försöka ordna en date med en person som du gärna vill träffa osv. Genom att räkna ner från 5 till 1 hinner hjärnan inte dra i nödbromsen. Efter fem sekunder har du hunnit ställa frågan på mötet, frågan som gör att du tar mer plats på ett positivt sätt. Det är genom de här aktiviteterna som du går från att »bara leva ett liv som är OK« till ett liv som svarar mot din inneboende potential.

Mel Robbins definition på fem sekunders är att »om du har en impuls att agera på ett mål måste du röra dig fysiskt inom fem sekunder, annars dödar din hjärna idén«. Det innebär att om du har som mål att få mer respekt på arbetsplatsen måste du höja handen nästa gång du är i ett möte och har en bra idé.

Om du har som mål att starta ett eget företag är det viktigt att komma i gång på ett eller annat sätt. Det kan vara att börja undersöka vilka andra företag som jobbar inom samma intresseområde, se vad de gör och bestäm i vilken inriktning du ska ha på ditt företag. Börja skriva ner din affärsplan. Genom aktiviteterna börjar din hjärna bygga nya vanor. Ägna 10 till 15 minuter varje dag för att lära dig mer om ämnet. Det räcker inte med att enbart skriva ner din plan, börja även visualisera och skapa en känsla som om du redan driver verksamheten.

Enligt Mel Robbins kommer 80 procent av oss att fortsätta med en påbörjad aktivitet. Det viktiga är med andra ord att komma i gång. Oavsett dina mål, visa dig själv att du kan genom att påbörja aktiviteten.

9.2   Do it now

Det var några år sedan jag första gången kom i kontakt med fem sekunders-regeln som Mel Robbins har utvecklat. Jag tycker att metoden fungerar utmärkt, jag har tidigare känt till vikten av att påbörja aktiviteten. På 90-talet kom jag i kontakt med ett koncept som gick under benämningen »Do it now«. Det blir inte bättre genom att skjuta upp det som behöver göras. Inledningsvis måste du först ta ställning till om det överhuvudtaget ska göras. Allt ska inte göras, du behöver inte ta emot säljaren som kommer oanmäld till ditt kontor. Du behöver inte besvara all e-post som strömmar in i din mailbox. Om e-posten ska besvaras, svara då kort, eller det som inte ska besvaras ta bort det från din dator, spara inte meddelanden i onödan. Samtal som ska ringas som tar några minuter, ring direkt och få det ur världen. Samtal som inte kan besvaras direkt ska bokas in i din kalender med åtföljande åtgärd. Det tar ofta upp mer tid att fundera på det som ska göras än att bara göra det.

Vi vet alla att vi måste agera på brådskande och akuta åtgärder, det svåra är att agera på det som är viktigt men inte brådskande. Det är många som ropar på åtgärder när det gäller akuta ärenden, det är däremot inte många som frågar om det som inte är brådskande. Ju längre fram i tiden som en deadline sätts, desto svårare är det att komma i gång med uppgiften. För att få tid till dessa ärenden krävs att vi säger nej till det som inte är viktigt och som vi inte ska agera på. För studenter handlar det ofta om att börja skriva på uppsatsen som ska lämnas in om tio eller 15 veckor fram i tiden.

9.3 Att skjuta upp saker påverkar dig negativt

Att skjuta upp saker, påverkar dig negativt på ett emotionellt sätt. Det ger en känsla av handlingsförlamning som leder till dåligt samvete, självkritik och troligen kritik från omgivningen. Du drabbas lätt av ångest och oro.

Numera är det väldigt lätt att fly till att googla på nätet eller stämma av läget på Facebook, i stället för att ta sig an de uppgifter som vi vet att vi förr eller senare måste åtgärda. Det är många som beskriver det hela som att det sitter en »apa« på axeln som hela tiden föreslår en massa roliga och tidsödande uppgifter som borde göras före den uppgift som du är satt att göra. Den här apan har inget ansvar, han vill bara att det ska vara kul och enkelt. Det som slutligen räddar upp situationen är när paniken slår till och insikten om att du nu bara har några dagar kvar tills uppsatsen ska vara inlämnad.

I rollen som coach har jag erfarenhet av att det är många chefer som väldigt gärna vill vara till lags. Det blir lätt hänt att det egna arbetet får stryka på foten och man låter andras behov gå före. Det kan leda till att de själva skjuter upp jobbiga saker, som exempel att genomföra det »svåra samtalet« med den jobbiga medarbetaren. Eller att ta tag i konflikten som börjar gro på avdelningen. I stället väntar vederbörande på att det hela ska lägga sig, något som det sällan gör. Av egen erfarenhet vet jag att det är mindre energikrävande att »bara ta samtalet« i stället för att vänta till »rätt tillfälle« med alla funderingar på hur mottagaren ska ta emot samtalet. Det här exemplet gäller många av de tankar vi brukar tänka kring begreppet svåra uppgifter. Att gå omkring och tänka på uppgiften brukar vara mer energikrävande än att utföra den. Det svåra brukar vara att komma i gång.

9.4   Strategier för att komma igång

Det är väldigt viktigt att ställa sig frågan, varför man skjuter upp uppgifter som man vet att man förr eller senare måsta ta itu med? Vad hämmar mig? Har jag inte tid att göra viktiga men inte brådskande uppgifter? Skjuter jag upp uppgiften för att jag inte vill eller kan utföra den?

Om det inte beror på att du inte vill eller kan av olika anledningar, kan du motivera dig själv genom att dela upp uppgiften i mindre enklare delar. Om orsakerna till att du skjuter upp uppgiften beror på medicinska skäl som att du är deprimerad eller lider av för lite sömn, stress osv. är det viktigt att du söker hjälp för problemen, om du bortser från dem kommer de inte bara att försvinna, utan snarare förvärra de negativa hälsoproblemen.

En uppgift som känns överväldigande kan bli överkomlig om du jobbar med dem i korta pass. När du väl börjar är det viktigt att du håller ett jämnt flöde. Om du får för dig att jobba från tidig morgon till sen kväll, sju dagar i veckan, finns en stor risk för att du blir överbelastad, du får heller inte mer gjort med det sättet att arbeta. Berättelsen om två skogshuggar-lag styrker den tesen. *»De två skogshuggarlagen tävlade om att hugga ner så mycket timmer som möjligt. Det ena laget tog inte några raster, de arbetade i stort sett oavkortat hela tiden. Det andra laget tog raster men klarade trots det av att hugga mer timmer. Till slut kunde förmannen i det andra laget inte hålla sig längre, han frågade då hur det kunde komma sig att de hann med så mycket trots alla raster de tog. Förmannen i skogshuggarlaget som klarade av att hugga ner mer timmer, svarade att de tog sina raster för att vässa sina sågar. De passade också på att bygga upp sina energidepåer med näringsrik mat och tillsammans diskutera och reflektera över vad som behövde göras.«* Berättelsen är ett bra exempel på hur viktigt det är att disponera tiden på det som skapar värde.

Det är också viktigt att du kartlägger ditt beteende. I vilka situationer flyr du? Rensa bort det som stör, lägg bort telefonen om det är Facebook eller surfande som stjäl uppmärksamheten.

I stället för att lösa uppgiften till hundra procent, räcker det ofta med »gott nog«. Om du sänker kraven blir tröskeln att starta inte så hög och det blir lättare att komma i gång med uppgiften. Jag har fått berättat från en laboratoriechef om hur viktigt det är att veta vilken precision på provsvaret som kunden kräver. Ibland krävs det flera decimaler i ett provsvar från laboratoriet för att kunna ta rätt beslut, men ofta räcker det med en väldigt enkel analys plus eller minus. Intelligensen ligger i att veta när det ena eller det andra gäller.

Var inte rädd för att be om hjälp. Min bild av det hela är att de som lyckas med uppgiften på ett bra sätt är de som vet när de ska be om hjälp. De har ofta en bra självkännedom och vet var de har sina brister och tar in den hjälp som krävs. Slutresultatet blir då ofta bra. Rätt kompetens har satts in när det gällt riktigt viktiga saker och själv utfört arbetet när deras egen kompetens svarat mot uppgiften.

En av de mest grundläggande krafterna i vårt liv är motpolerna njutning och smärta. Vi gör mer för att undvika smärta än vi gör för att vinna njutning. I vår vardag innebär det att vi hellre sitter kvar i tv-soffan eller läser en bra bok, än att träna. På liknande sätt undviker den unge mannen att avstå från att ta kontakt med kvinnan han är intresserad av på grund av rädslan för att bli avvisad.

För att få bättre kontroll på drivkrafterna kring smärta och njutning, gäller det att ändra vad du kopplar smärta till och vad du kopplar njutning till. Det ska vara mer smärtsamt att inte ändra sitt beteende än att ändra det. Om du tänker dig att du hellre sitter kvar i tv-soffan och äter en macka, än att du går till gymmet för att träna. Om du kan tänka dig in i en situation som innebär att du går upp 2 kg extra per år genom att inte träna, kommer det att innebära en viktökning på 20 kg efter 10 år och 40 kg efter 20 år. Tanken på att träna skulle med den framtidsbilden framstå som önskvärd. Tanken på att träna ger dig då en bild av en vältränad kropp med allt vad det innebär, något som ger dig glädje och njutning, i stället för det stora obehaget av att vara kraftigt överviktig och mindre rörlig. Att förändra beteendet blir enklare och mer åtråvärt än att vara kvar i ett gammalt destruktivt mönster.

Att fundera över:

- Upplever du själv att det kan vara svårt att göra uppgiften där deadline ligger en bit fram i tiden?
- Håller du med om att det viktiga är att komma i gång?
- Tror du på Mel Robbins metod som går under benämningen fem sekunders-regeln?
- Tror du på Mel Robbins påstående om att 80 procent av oss kommer att fortsätta med en påbörjad aktivitet, att det viktiga är att komma i gång?
- Vad tror du om tankegången om att det många gånger räcker med »gott nog« i stället för hundra procent för att lösa en uppgift?
- Om så är fallet, vad kan det vara för typ av uppgifter?

Egna anteckningar

_____

_____

_____

_____

_____

_____

_____

Att göra:
1. Lista fyra nya aktiviteter som du vet att du borde göra nu.
2. Vad är det i dessa aktiviteter som gör att du associerar smärta till dem och gör att du undvikit att utföra dem? Skriv ner vad det är.
3. Vad har du fått ut av att ha skjutit upp åtgärderna?
4. För varje aktivitet, skriv ner vad du går miste om, genom att inte genomföra åtgärderna under punkt 1.
5. Börja associera nöje med att genomföra aktiviteterna genom att fråga dig följande frågor. Vilka fördelar kommer du att åtnjuta genom att genomföra aktiviteterna? Hur kommer det att förändra ditt liv? Hur kommer det att skapa mer glädje, stolthet, frihet osv? Skriv ner ditt svar.

10.0 Beslutsamhet

»Alla dessa dagar som kom och gick, inte visste jag att det var livet.« (Stig Johansson)

10.1 Vikten av att kunna fatta beslut

Ett annat vanligt problem som ligger nära föregående avsnitt som att skjuta upp det vi vet att vi måste göra är avsaknaden av beslutsamhet. Alla våra handlingar härstammar från ett beslut. Om vi vill förändra något krävs en förmåga att kunna välja mellan olika handlingsalternativ. Hur du lever i dag är resultatet av en lång rad av val. Vem du valt att leva med, vad du valt att lära dig, vad du tror på osv.

När du tittar närmare på hur ditt liv ser ut kommer du att inse, att det handlar om vilka beslut du tagit tidigare i ditt liv som styrt ditt liv. Om du vill förändra något, måste du fatta en rad nya beslut om vad du vill gora. I Napoleon Hills bok »Tänk rätt bli framgångsrik« skriver han om en studie på över 25 000 människor som hade misslyckats, att brist på beslutsamhet nästan alltid toppar listan över de 30 vanligaste orsakerna till motgång. I boken berättar han om att Henry Fords främsta egenskaper var hans vana att alltid fatta beslut. Ändrade han dem var det efter mycket noga överväganden. För Henry Ford var beslut något man stod fast vid, något som han i hans fall kanske drivit för långt med tanke på att han vägrade ändra utseendet på sin T-Ford. Problemet brukar ofta vara det motsatta, många ser inte beslut som något man ska stå fast vid, mer något som kan beskrivas som ett vagt löfte som att »nu ska jag börja träna«, vilket oftast är rätt otydligt och inte speciellt förpliktigande. Ett verkligt beslut är bindande och något som du står fast vid.

10.2 Vikten av att anstränga sig

Angela Duckworth, psykolog och universitetsprofessor på University of Pennsylvania, har studerat vad beslutsamhet består av. Hon har undersökt varför vissa människor lyckas där andra misslyckas. Hennes forskning visar att talang inte alls är så viktigt för framgång. Talang är naturligtvis bra, men garanterar inte framgång. Talang går inte hand i hand med beslutsamhet. Talang gör det troligen lättare för dig att lära dig nya färdigheter. Det har däremot visat sig att ansträngning spelat dubbelt så stor roll för hur du kommer att lyckas. Ansträngningen ger dig erfarenhet och får dig att bli mer produktiv. Vi kan vara naturligt begåvade inom ett visst område men om vi aldrig anstränger oss kommer naturbegåvningen bara förbli en outnyttjad potential.

Intresset kring frågeställningen om hur talang påverkar hur bra du kommer att lyckas med det du håller på med kom i samband med att hon jobbade som lärare i matematik och märkte att det inte var eleverna med högst IQ som lyckades bäst, utan det var de som var motiverade och jobbade hårt och målmedvetet. Det var med den insikten som hon började läsa psykologi och därefter studera vad beslutsamhet består av.

Angela betonar att graden av beslutsamhet inte är medfödd, den är något som du kan ändra på och utveckla. Hon menar också att det är viktigt att känna till att vi ofta överskattar talang och underskattar hårt arbete. Anledningen till att det är viktigt att känna till detta är att vi riskerar att låta övervärderingen av talang bli en ursäkt för att ge upp. När du lär dig nya saker kan du förvänta dig att det inledningsvis inte går bra. Det är när du förvärvat och hunnit träna på dina nya färdigheter som du kan börja räkna med att det fungerar. Begreppet FAIL, står för First Attempt In Learning. Det går inte att lära sig något nytt utan att det går fel. Det är en förutsättning för lärande, det viktiga är då hur du förhåller dig till detta, att du accepterar försök och misstag tills du kommit på hur det fungerar.

Min egen erfarenhet kopplat till arbete kring personlig utvecklig är just att få de jag jobbar med att våga gå utanför sin egen trygghetszon. Jag har jobbat en del med kurser i ämnet att tala inför grupp. En av våra vanligaste fobier är just att tala offentligt. Om man ska hjälpa någon att utveckla den färdigheten krävs just viljan att våga gå utanför sin egen trygghetszon. De flesta som vågar pröva blir bättre, viljan att lära sig brukar vara det viktigaste för att lyckas.

Förutom ansträngning krävs också en passion som gör att du inte ger upp. Det krävs att du är villig att göra det som krävs för något du bryr dig så mycket om att du inte ger upp oavsett vad som sker. Med andra ord att göra något som du älskar att göra, där kärleken består oavsett vad som dyker upp längs vägen.

Angela menar att beslutsamhet är tvådimensionell. Den som är beslutsam äger ett varaktigt intresse och förmåga att vara ihärdig och stå ut med ansträngning. Vi är mer benägna att sträva efter ett personligt mål med ihärdig ansträngning om vi har en tydlig förståelse för vad det är vi är på jakt efter. Jag vet av egen erfarenhet från de företag jag jobbat på hur viktigt det är att det finns ett tydligt »varför« i verksamheten. Att enbart tjäna pengar till ägarna brukar inte räcka.

En viktig del i arbetet med sin personliga utveckling är att veta vad du vill. Allt skapas två gånger, först mentalt sedan fysiskt. En vanlig liknelse brukar vara processen när du ska bygga ett hus. Du processar huset i dina tankar om hur du vill ha det. Hur stort det ska vara, hur ska rummen disponeras, vilket värmesystem du ska ha, hur ska huset placeras på tomten, hur ska uteplatsen utformas osv? När du funderat kring detta ett antal varv sammanställs tankegångarna i en ritning. Den här processen är väldigt viktig för att få ett bra slutresultat. Det du missar i din planering får du betala i dyra förändringar eller sämre resultat. Att veta vad du vill uppnå är en förutsättning för att ta bra beslut. Den här processen med att först skapa något i tanken innan det kommer till uttryck i ett fysiskt skapande gäller i det lilla som i det stora. Det gäller även hur du vill leva ditt liv. För att få det liv du vill ha där du bidrar och genomför det du har tänkt dig krävs att du först har funderat över vad du vill.

10.2.1 Antoine Griezmann

Berättelsen om Antoine Griezmann tycker jag är intressant. Han är född 21 mars 1991 i Mácon, Frankrike. Som liten drömde han om att bli en professionell fotbollsspelare. Han gick alltid omkring med en fotboll och tränade varje dag. Hans pappa berättar hur han och sonen åkte till olika läger för att få provspela med förhoppningen om att bli antagen till klubben. Resan till uttagningslägren var förhoppningsfull och återresan fylld av sorg. Ingen klubb ville ha honom, han var för liten, långsam och svag.

Helt oväntat var det en spansk talangscout som såg något i honom som ingen annan såg. Han gav ett erbjudande till Antoines föräldrar om att få provspela i det spanska laget. Eftersom de upplevt så många besvikelser tidigare svarade de att de inte kan åka 90 mil enkelväg bara för att få veta att han är för liten och långsam. Antoine tjatade till sig ett medgivande från föräldrarna och lyckades till slut få dem att ta med honom till uttagningslägret. Det gick inte bra vid uttagningarna men han fick bli kvar eftersom talangscouten tog ansvar för honom. Antoine kunde inte språket, han var ensam utan sina föräldrar i ett främmande land, det blev en besvärlig resa med många besvikelser. Antoine berättar om ett tillfälle då talangscouten tog med honom en kväll för att träna insparkar mot en tegelvägg. Eftersom det inte fanns någon belysning fick billjuset lysa upp väggen. Träningen pågick tills bilbatteriet tog slut. Beslutsamheten gav utdelning, i dag spelar Antoine i den spanska ligan, han spelar också för det franska landslaget. Antoine betraktas som en av världens bästa fotbollsspelare och fungerar som en förebild för många unga blivande fotbollsspelare.

Jag förstår att Antoine inte kunde göra den här resan till att bli en legend utan talang. Men det hade inte räckt med talang, utan det var hans motivation och hängivelse som gjorde att han fortsatte med sina ansträngningar trots alla motgångar som han stötte på under resan.

Jag vill dock i det här sammanhanget betona att det inte räcker med att »bara träna«. Den så kallade tiotusentimmarsregeln har fått ett stort genomslag i media på senare år. Teorin formulerades av den svenska forskaren Anders Ericsson vid Florida State University. Det har senare skrivits en bok om detta av författaren Malcolm Gladwell. Idén går ut på att det krävs tiotusen timmars medveten träning för att bli expert eller högpresterande på absolut toppnivå. Senare forskning utförd av Zach Hambrick vid Michigan State University har visat att det inte räcker med väldigt många träningstimmar, om så var fallet skulle troligen väldigt många fler nå toppnivåer. För att träningen ska vara effektiv krävs en målmedvetenhet och att vederbörande går utanför sin egen komfortzon. Viljan och ihärdigheten att lyckas är en förutsättning för att klara utmaningen.

10.2.2 Colonel Sanders

Jag tycker att berättelsen om Colonel Sanders är en bra berättelse om en person som visar sin styrka när det gäller uthållighet. Han grundade snabbmatskedjan Kentucky Fried Chicken, det som gör honom lite speciell är när han startar upp franchise-verksamheten.

Colonel föddes 1890 på en liten farm i Henryville, Indiana. Han fick tidigt i livet uppleva svårigheter eftersom hans pappa dog när han var fem år gammal. Hans mamma fick ta jobb där det fanns jobb att få. Colonel fick då ta ansvaret för sina syskon och för matlagningen, ett ansvar som innebar att han tidigt lärde sig matlagning.

Colonel hoppade av skolan när han hade gått ut sjunde klass. Anledningen till det var att hans mamma hade gift om sig. Den nya styvpappa slog honom, vilket slutade med att han rymde hemifrån. Han lyckades efter lite om och men få värvning i armén vid 16 års ålder efter att ha uppvisat falskt födelsedatum.

Han gifter sig 1908, de får tre barn, två flickor och en son. De skiljer sig 1947, efter att ha fått uppleva det värsta en förälder kan tänka sig, sonen dör. Colonel gifter om sig 1949 och förblev gift fram till sin död 1980.

Colonel inleder sin affärsverksamhet med att laga mat när han är 40 år. Han drev en bensinstation i Kentucky. Eftersom det stannade rätt många bilar på bensinstationen, tyckte han det passade med att också servera mat. Beroende på att han inte hade någon restaurang på plats skedde serveringen i hans bostad i anslutning till bensinstationen. Efterhand som matserveringen blev mer populär, flyttade Colonel sin verksamhet till ett motell som också hade en restaurang med plats för 142 personer. Där utvecklade han sitt hemliga recept. Verksamheten blev med tiden väldigt omtyckt och belönades med en utmärkelse.

När vägnätet förändrades och restaurangen hamnade utanför de stora trafiklederna minskade kundantalet och verksamheten fick stora ekonomiska problem.

Det var då Colonel kom på tanken att börja med franchise. Det är nu beslutsamheten kommer till bevis. Han bestämde sig för att resa runt i sin bil för att hitta lämpliga restaurangägare som han skulle övertala. I hans affärsidé ingick att de skulle betala honom löpande för att få använda hans unika recept kring hur man panerar kycklingen som sedan friteras. Colonel visste att receptet fungerade och trodde stenhårt på sin idé.

Det blev många och långa resor. Ofta fick han övernatta i bilen och fick äta hos sina vänner. Enligt berättelsen om honom fick han nej mer än tusen gånger innan han slutligen fick en som var beredd att acceptera erbjudandet.

Genom att få en första franchisetagare lyckades han få en till och en till osv. År 1964 fanns det 600 franchise-restauranger och hans företag omsatte betydande summor. Colonel sålde då verksamheten. Kontraktet gällde dock inte den kanadensiska verksamheten. Colonel flyttade till Ontario där han fortsatte inkassera franchiseavgifter. Under sin tid i Kanada upprättade han också en välgörenhetsorganisation.

Med lite reflektion kan man naturligtvis konstatera att det är svårt att verifiera hur många företag Colonel besökte innan han lyckades få igenom sin affärsidé. För de flesta av oss förefaller det lite tokigt att aldrig ge upp. Ibland är det troligen bättre att pröva en ny idé om den första innebär för stora uppoffringar. Gränsen är ibland hårfin och det är slutligen upp till dig själv att bedöma vilka uppoffringar som är skäliga.

Även om man tar in den reflektionen tycker jag berättelsen är ett exempel på att man aldrig är för gammal för att utveckla en idé. Colonel var i sextioårsåldern när han reste runt i landet och övernattade i sin bil, åt mat som han »tiggde« av sina vänner. De flesta av oss skulle naturligtvis ha gett upp tidigt, efter kanske tio nej. Colonel Sanders däremot kände att för varje nej kom han närmare ett ja. Berättelsen visar också att det heller aldrig är för sent att byta bana i sitt liv. Innan han började jobba med mat hade han hunnit med att pröva allehanda jobb.

10.3 Reflektion

En av anledningarna till att jag tar upp ämnet om att talang inte är en förutsättning för att lyckas är att det är en viktig kunskap speciellt i dialog med barn. Undvik att berömma talang. Problemet med att berömma talang är just att risken för att de kommer att sluta försöka med sin uppgift om det får för sig att det är bristen på talang som gör att det inte går bra. Talang uppfattas som något som inte kan påverkas. Det som ska förmedlas till barn är att egenskaper kan utvecklas genom ansträngning. Det är genom att fortsätta försöka som de på sikt kommer att lära sig nya färdigheter. Det finns inga misslyckanden, bara lärande, uppmuntra därför när de visar intresse och är villiga att pröva på olika saker som de kan lära av.

Som jag inledde kapitlet kring beslutsamhet är just insikten av hur du lever i dag ett resultat av en lång rad av val. Om du vill förändra något, måste du fatta en rad nya beslut om vad du vill göra. Beslutsamheten tillsammans med långsiktigt och ihärdigt arbete gör att du kommer att lyckas med förändringen.

Att fundera över:

- Är du själv medveten om vilka beslut som du har tagit i ditt liv och som påverkat din nuvarande situation?
- Hur upplever du din egen beslutsamhet?
- Vad är din egen erfarenhet kopplat till tankegången att vi ofta överskattar talang och underskattar hårt arbete?
- Tror du på påståendet att det inte finns några misslyckanden, bara lärande?
- Hur ofta går du själv utanför din egen trygghetszon för att utveckla nya färdigheter?

Anteckningar:

_____

_____

_____

_____

_____

_____

_____

Att göra:

Bestäm dig för att vara den som styr över ditt eget liv. Du ska därför bestämma dig för att fatta två beslut som du lovar att genomföra. Det första beslutet kan vara något enkelt som du kan genomföra ganska omgående. Det andra beslutet ska vara något som kommer att kräva mer uthållighet för att genomföra.

- Beslut 1:

....

....

....

- Beslut 2:

....

....

....

11.0 Förlåtelse

»Den som är oförmögen att förlåta är oförmögen att älska.« (Martin Luther King)

11.1 Vikten av att kunna förlåta

N är jag ser amerikanska serier och filmer slås jag av hur vanligt det är att »stämma varandra«, en vanlig replik brukar vara »vi träffas i rätten«. Jag minns att jag såg ett tv-program som handlade om hur normalt det blivit med att vi stämmer varandra. Journalisten berättar om en incident hon själv varit med om, hon hade halkat utanför en matservering och fått frågan från en man som hade bevittnat det hela, om han skulle hjälpa henne att stämma restaurangen. Det visade sig att han var advokat och gav henne sitt visitkort. Hon beskriver i programmet hur samhället i allt större omfattning blivit uppbyggt på att skjuta skulden på varandra. Ju oftare du möter den inställningen desto mer avlägset blir tanken på förlåtelse.

Även om vi inte går så långt som att stämma varandra, finns en hållning om att den som har gjort oss en oförrätt ska »få betala«, åtminstone få känna av din ilska. Något som slår mig är hur vanligt temat hämnd är i film, musik och konst. Känslan att få slå tillbaka mot dem som betett sig svinaktigt och sårat oss är stark. Jag kan inte förneka att jag själv sett massor med filmer med temat hämnd och har »hållit« på den som fått utöva hämnden. Det är naturligt att vilja ge igen när vi blir sårade och respektlöst behandlade. Jag tror att vi alla kan relatera till känslan av att vilja hämnas på någon.

Hämnd handlar i grund och botten om att ta tillbaka kontrollen, visa styrka och därmed få upprättelse i stället för att känna sig som ett maktlöst offer. Bara för att det känns rätt och ger dig en känsla av styrka och makt är det inte rätt väg att gå. Den första känslan som tenderar att uppstå när du tar hämnd på någon är tillfredsställelse och känslan av att allt har återfått sin balans. Hämnden känns ljuv i stunden, men inte efteråt. Den läker inte såret, utan håller det öppet. I värsta fall kan det leda till ett destruktivt scenario där den som utsätts för hämnden ger tillbaka, något som brukar förekomma i den kriminella världen.

Att känna och vårda ett hat har ett pris som på sikt påverkar din hälsa. Hatet driver fram destruktiva beteenden som kan riktas mot andra och mot dig själv. Varje tanke och känsla motsvarar en fysiologisk reaktion. När du hyser hat, vrede och bitterhet påverkas din kropp och den kemiska balansen kommer i olag. Bitterhet är en negativ känsla och en tung börda. Den påverkar din fysiska och emotionella hälsa och berövar dig all sinnesfrid. Om du stannar kvar i det tillståndet länge finns risk för sömnproblem, koncentrationssvårigheter och utmattning. Det är svårt att umgås med en bitter person, i slutändan löper du risk att bli bitter på dig själv. Bittra personer har svårt att glömma konflikter de haft med andra människor.

Att förlåta innebär mer än att bara säga »Jag förlåter dig«. Det handlar om mycket mer än att återta en relation som har gått förlorad. Det innebär mer än att glömma den handling som orsakade sorg under någon tid i ditt liv. När du verkligen förlåter någon skapar du fred med ditt ego. Att verkligen förlåta någon som har skadat dig är en av de svåraste sakerna som en person kan göra.

Att förlåta någon innebär inte att du accepterar det som hände. Att förlåta handlar om att sätta fokus på ditt eget välmående genom att släppa taget om din ilska, sorg, smärta och frustration för att kunna gå vidare i livet. Med andra ord att släppa taget om dina egna känslor för att själv må bättre.

11.2 Att själv bli förlåten

Hur gör du om det är du själv som har gjort bort dig och behöver den andres förlåtelse? Vi vet båda att det är lättare att få en förlåtelse om omständigheterna för det som hände ligger bortom din kontroll, än om du kunde påverka händelseförloppet. I det första fallet handlar det mer om att göra en noggrann och detaljerad redogörelse för vad som hänt.

Då är det betydligt svårare när du själv har begått en felaktig handling. Den som blivit utsatt för gärningen känner sig kränkt och inte respekterad. Då räcker det troligen inte med ett simpelt »förlåt« för att få saken ur världen. Det första du måste göra är att ta fullt ansvar för dina handlingar. Om du försöker skylla ifrån dig förvärrar det bara situationen. Be sedan om ursäkt för det du gjort, därefter om förlåtelse. Du måste mena allvar, en ursäkt som inte är uppriktigt menad kommer inte att verka trovärdig. Nästa del i processen är att tala om för den som blivit utsatt att du är villig att ta konsekvenserna för dina handlingar. Det som är viktigt här är att den förorättade parten ska få återupprätta sin makt och värdighet. Den som blivit utsatt vill ha rättvisa och att du ska stå till svars för det som hänt. Förklara att det »inte kommer att upprepas«. Det gäller att ge en rimlig förklaring till ditt handlade. Om du exempelvis har ljugit, gäller att förklara orsaken till det hela, »Jag ljög för att jag var rädd« eller »Jag fruktade att bli uppsagd«. Det är lättare för den som blivit utsatt att acceptera någon som är rädd, jämfört med om det handlar om ett svek.

Nyckeln till förlåtelsen är att återupprätta balansen i relationen – det gäller både i en privat och i en affärsmässig relation. Om du vunnit på handlingen måste du »betala tillbaka« för att få rätsida på relationen igen. Sedan har tiden också en betydelse, ju längre tid som gått från det att kränkningen ägde rum desto bättre blir förutsättningarna att bitarna faller på plats och du blir förlåten.

Att fundera över:

- Kan du känna igen dig i vanan att kasta skuld på andra för det som händer dig?
- Varför tror du temat hämnd förekommer så ofta i böcker, serier och filmer?
- Har du själv känt känslan av att vilja hämnas?
- Vad tror du den känslan kommer från?
- Hur tror du hatet påverkar dig på lång sikt?
- Hur tror du förlåtelsen kommer att påverka dig?

Egna anteckningar

_____

_____

_____

_____

_____

_____

_____

Att göra:

- Släpp bitterheten och ilskan mot de personer som behandlat dig på ett »svinaktigt sätt« som gör dig bitter. Du behöver inte acceptera det som hände, du ska sätta fokus på ditt eget välmående.
- Om du själv agerat på ett otillbörligt sätt, ska du be om förlåtelse. Gör det utan bortförklaringar eller att ursäkta dig själv. Fråga vad du kan göra för att rätta till det som hänt. Erkänn att du orsakat den andra personen smärta genom ditt agerande.

12.0 Hó oponopono

»Ta ansvar för dig själv och dina handlingar. Sök inte beskydd hos yttre auktoriteter.«
(Jiddu Krishnamurti)

Hó oponopono är en healingmetod från Hawaii, som går ut på att man ber om förlåtelse för något man gjort mot en annan. Ursprungsmetoden krävde att man träffades personligen – ofta med den äldste i byn och andra personer än bara de två berörda närvarande. I dag gör man healingen med sig själv, utan att andra behöver vara närvarande. Med Hó oponopono kan du hela allt som är störande eller jobbigt för dig. Kort förklarat går det ut på att du rensar bort – ber om förlåtelse – för alla gamla mönster från ditt liv. Det är en kraftfull teknik som går ut på att till slut – när allt är renat – blir det inget ont kvar, allt har kommit till nollpunkten.

Healingen bygger på fyra nyckelfraser, kanske fyra av de svåraste fraserna att säga. Genom att praktisera dem löser du upp egot och det vanliga språkförsvaret. Basen i metoden är totalt ansvar – inte bara för dina egna handlingar, utan också för alla andras. Metoden skapar en stark, helande närvaro där du är villig att ta ansvar och släppa taget, för det är då det blir rätt.

Meditationen innebär att du fokuserar på en person som du vill ha ett mer avkopplat och harmoniskt förhållande till. Alternativt kan du välja att fokusera på en kvalitet eller en sak. Som ett exempel kanske du vill uppleva mer självförtroende, då kan du upprepa fraserna som nämns nedan och visualisera och känna hur ditt självförtroende växer.

De fyra fraserna som används kan användas i varje möjlig ordning, du säger orden på det sätt som känns mest naturligt. De fyra fraserna är:

- Jag är ledsen
- Snälla förlåt mig
- Tack
- Jag älskar dig

Ordningen anses inte viktig, du gör det som känns rätt! För att bli av med alla negativa känslor och tankar, måste du helt rensa bort det – få det ur dig. Du måste inse att allt som händer inom, eller det som händer med någon, är en återspegling av medvetandet då det skapades. Vi vet alla att vi inte är ansvariga för allt som händer. Du kan mycket väl bli angripen utan att du bär skulden för det, eller bli utsatt för myndigheters maktutövning. Hó oponopono är ett sätt att lindra problemen i våra liv.

Det jag personligen tycker är spännande bakom filosofin, är synsättet som förespråkar vårt fulla ansvar för våra handlingar och för andra. Synsättet är att konflikten uppstår från dig själv och aldrig genom extern verklighet. Om du rensar ditt samvete kommer det i sin tur påverka andra människor runt dig.

Författaren Joe Vitale skriver i sin bok Zero limits: »The secret Hawaiian System for Wealth, Health, Peace and More«. I boken berättar Joe Vitale att han hade hört talas om en terapeut på Hawaii som hade botat en hel vård-avdelning med psykiatrisk sjuka, kriminella patienter – utan att någonsin ha träffat någon enda av dem. Terapeuten studerade patientens journal och letade sedan inom sig själv för att först se hur han skapat patientens sjukdom. När han läkte detta i sig själv, läktes patienten. När Joe Vitale hörde talas om detta första gången, trodde han det var en myt. Hur kunde någon läka någon annan genom att läka sig själv? Hur kan ens den allra skickligaste av mästare på personlig utveckling bota psykiatriskt sjuka kriminella?

Det verkade otroligt. Det verkade ologiskt, han trodde inte på historien. Men sedan hörde han den igen ett år senare. Han hörde att terapeuten hade använt en hawaiiansk healingprocess som kallas ho 'oponopono. Joe Vitale hade aldrig hört talas om denna process förut, men han kunde inte sluta tänka på den. Om det fanns minsta sanning i denna historia, ville han få veta mer.

Att ha totalt personligt ansvar för sitt liv har Joe Vitale alltid tolkat som att man ansvarar för det man tänker och gör. Utöver det kan man inte påverka saker. Han tror de flesta tolkar begreppet personligt ansvar på det sättet. Vi är ansvariga för vad vi själva gör, inte vad någon annan gör. Den hawaiianska terapeuten som botade de psykiskt sjuka människorna skulle komma att lära honom ett nytt, mer avancerat sätt att se på begreppet personligt ansvar.

Joe Vitale berättar att han kom i kontakt med terapeuten som hade botat en hel vårdavdelning på Hawaii State Hospital, hans namn är Dr Ihaleakala Hew Len. Han förklarade att han arbetat på Hawaii State Hospital i fyra år. Avdelningen med de psykiatriskt sjuka kriminella var en farlig miljö. Varje månad sa psykologer upp sig. Personalen sjukskrev sig ofta eller slutade helt enkelt. Människor som behövde gå igenom avdelningen gick med ryggen mot väggen, av rädsla för attacker från patienter. Det var ingen trevlig miljö varken att vistas i, arbeta i eller att besöka.

Dr Len berättade att han aldrig träffade patienterna. Han gick med på att ha ett kontor på sjukhuset och att gå igenom dokumentationen för varje patient. Medan han tittade på journalerna, arbetade han med sig själv. När han arbetade med sig själv, började patienterna bli friska.

»Efter några månader, tilläts patienter som tidigare hölls isolerade, att gå omkring fritt. Andra som varit tungt medicinerade kunde sluta med mediciner. Och de som inte hade haft en chans att någonsin bli frigivna, kunde friges.«Joe Vitale var förundrad, han berättar: »Personalen började uppskatta att komma till jobbet. Sjukfrånvaron och personalomsättningen upphörde. Till slut hade avdelningen mer personal än de behövde eftersom patienterna frigavs samtidigt som all personal numera kom till jobbet. I dag är avdelningen nedlagd.«Det enda som Dr Len gjorde var att han jobbade med healing, för honom och enligt ho 'oponopono innebär det att älska sig själv. Om du vill förbättra ditt liv, måste du hela ditt liv. Så, att älska sig själv är det bästa sättet att förbättra sig själv, och när jag förbättrar mig själv, förbättras min värld.

Det som Joe Vitale beskriver går egentligen inte att ta in, det som gjorde att jag fastnade för berättelsen och det som jag tycker gör ho 'oponopono intressant är tanken på att vi är ansvariga för våra liv. Den här filosofin tar det ett steg längre och säger att vi också ska ta ansvar för det andra gör. Vi vet alla att vi inte är ansvariga för allt som händer, men vi måste ändå hantera det som händer. Om du kan ta in den tanken blir du inte offer för dina omständigheter, utan kan påverka det som sker. Du blir inte passagerare i ditt liv, utan ansvarig förare. När jag tänker den tanken blir jag stark, eftersom jag inte blir beroende.

Sedan tror jag på tanken att vi påverkar andra i vår omgivning genom vårt beteende och den energi vi sprider till andra. Du får det du ger, om du möter andra med vänlighet är sannolikheten stor att du får vänlighet tillbaka. När jag möts av aggression och ilska brukar jag fundera på vad det är i mitt beteende som gör att jag bemöts på det sättet. Aggression brukar ofta vara ett uttryck för rädsla, vad är det i mitt beteende som ger den reaktionen? Det behöver naturligtvis inte vara rädsla som det handlar om, men troligen något i mitt beteende. Om jag tar ansvaret för det som händer mig, blir jag också den som har möjlighet att påverka det som händer. Om du saknar möjlighet att påverka blir du ett offer för det som händer.

Hó oponopono är en meditativ process som du utövar själv i ditt inre. Processen påverkar dina tankebanor som i sin tur påverkar ditt sätt att förhålla dig till de situationer du möter i din vardag. Min personliga känsla efter att ha börjat leva efter dessa tankar är att jag förhåller mig mer ansvarsfullt i det som händer, något som samtidigt ger mig en trygghet. Jag accepterar det som händer och bekräftar att jag i mitt inre känner att jag är ledsen för det som har hänt, samtidigt som jag också förlåter mig själv för det som har hänt. Jag klagar inte för att jag vet att klagandet inte hjälper. Att sedan i mitt inre uttala mitt tack och en bekräftelse för att jag älskar mig själv. Det innebär inte att du accepterar allt som händer utan är mer kraftfull i din påverkansprocess.

I samband med mitt arbete med den här boken tappade jag inledningsvis bort i stort sett alla sidor som jag skrivit under några månader. Jag tyckte att jag följt alla anvisningar om hur jag ska spara mina dokument. Jag sparar inte bara i min dator utan även på nätet via en tjänst som är inlagd bland mina program. Hur det än var så var de försvunna, något som jag aldrig varit med om tidigare. Även när jag tog hjälp av experter på området var de helt försvunna, de kunde inte heller förklara vad som hänt. I vanliga fall skulle jag bli väldigt irriterad och börja skylla på hur det var upplagt. Det som inte kan hända, hände.

Nu var jag helt klar över att jag är totalt ansvarig för det som händer. Jag började med att förlåta mig själv, tackade och bekräftade att jag älskar mig själv. Det var en renande process som gav mig kraft att börja om med dokumenten och på nytt säkerställa strukturen kring min egen dokumenthantering. Eftersom jag själv hade upprättat dokumenten tidigare var det inte som att börja på nytt, jag kom snabbt i gång igen med ny kraft.

Jag och min hustru var med om en händelse vårvintern 2021. Vi satt i bilen på väg hem efter att ha varit på en aktivitet och bestämde oss av ren nyfikenhet för att köra och kolla på ett sommarstugeområde vi inte hade sett på tidigare. När vi kört fram på den smala vägen och skulle vända hem såg jag en vändplats som jag uppfattade som plogad. När jag körde dit sjönk bilen ner, i det mjuka underlaget. Vi satt fast, normalt brukar vi ha en liten spade i bilen men den var bortplockad. Jag gick därför fram till några stugor, men det var ingen där. Jag hade själv kört dit och kunde inte skylla på någon annan. Jag var ledsen över läget, men förlät mig själv och kände ett ovanligt lugn. Min fru var också väldigt lugn trots att vi saknade verktyg som kunde hjälpa oss loss. Jag gick runt i området några minuter men såg inte någon, stugorna var tomma. Visserligen hade vi tillgång till mobiltelefoner, men avvaktade med att ringa. Efter några minuter i bilen kommer en man emot oss med spadar och frågade oss om läget. Han såg att vi satt fast. När han ser hur djupt vi satt fast gick han efter sin stora fyrhjulsdrivna bil. Det tog inte lång tid för att få loss oss. Jag kände en förtröstan över tankeprocessen som hjälpte mig att bli kvitt negativa tankar och känslor. När vi pratade om det hela på hemvägen fick vi båda en känsla av att den som kom för att hjälpa oss var utsänd. Det var som om att han kände av vårt behov av hjälp.

En annan fundering som dyker upp i det här avsnittet som handlar om ett personligt ansvar för det vi tänker och gör som brukar benämnas orsak och verkan. Som jag tidigare nämnt är vi inte alltid orsaken till våra problem. Du är inte orsaken till att du blir sjuk eller råkar ut för en olycka osv. Oberoende av vårt ansvar för vad som har hänt, så är vi alltid ansvariga för att ta hand om det som hänt.

Om du som exempel har problem med din chef, utgår du naturligtvis från att problemet ligger hos chefen. De flesta jag känner har den utgångspunkten. Vad händer om du som en tankemodell utgår från att det är du som är problemet? Det är du som orsakar det som händer i er relation. Din första tanke blir säkert ett kraftfullt förnekande. Det finns inte på kartan att du har något med problemet att göra, men om du törs pröva den tanken, vad händer då? I stället för att du blir ett offer för omständigheterna, kan du bli den som påverkar det hela. Det är ofta en bra känsla. Vid närmare eftertanke, kanske du känner att det ligger något i det, du är troligen lika ansvarig som chefen för att er relation inte fungerar. Du kanske ska stå på dig mer och vara tydligare i dialogen. Om du blir tydligare och mer bestämd, kommer du troligen att mötas på ett mer respektingivande sätt av chefen. Du blir mer kraftfull, vilket i sin tur ger dig mer inflytande.

Om vi går tillbaka till healingmetoden med de fyra fraserna så ska du se dem som en reningsprocess.

Att fundera över:
- Varför tror du det är svårt att uttala de fyra fraserna: Jag är ledsen, snälla förlåt mig, tack och jag älskar dig?
- Vi vet alla att vi inte är ansvariga för allt som händer. Hur tror du tankegången eller filosofin som förespråkar vårt fulla ansvar för våra handlingar och för hur andra påverkar dig?
- Tror du på tankegången att vi påverkar andra i vår omgivning genom vårt beteende och den energi vi sprider till andra?

Egna anteckningar

_____

_____

_____

_____

_____

_____

_____

Att göra:

- Testa metoden på en situation som du är med om. Börja med att bekräfta att du är ledsen för det som har hänt, förlåt dig själv, tacka och bekräfta att du älskar dig själv. Försök inte hitta någon att skylla det hela på, eftersom du själv är ansvarig och därmed den som kan påverka det hela.

- Om någon frågar vem som är ansvarig, kan du testa att säga att du har ansvaret för det som har hänt. Du kan ju börja med något som du känner att du kan hantera.

13.0 Lagen om vibration

»Vi är ett resultat av allt vi har tänkt.« (Buddha)

13.1 Kvantfysiken

Genom alla tider har människan förlitat sig på sina fysiska sinnen och fokuserat sin kunskap till fysiska föremål som går att ta på och som man kan se, väga, mäta osv. Jag vet att det finns många som kan förklara hur det fungerar med att tv-bilder och ljud skickas genom luften över flera kontinenter och sedan transformeras till bild och ljud i en tv-apparat. Sedan flera år tillbaka finns nu också mobiltelefoner som ger dig möjlighet att ringa och skicka egna bilder till flera tusen mottagare om du så vill. Med den kunskapen i bagaget vet jag att det finns saker i luften som jag inte rent fysiskt kan se och ta på.

Vad händer om vi börjar dela upp det vi kan mäta och väga i mindre och mindre delar? Redan för 2 500 år sedan, i det gamla Grekland, fanns det folk som funderade på vad som händer om man börjar dela upp ett fysiskt föremål i mindre och mindre delar. Håller man på nog länge måste man ju till slut komma fram till delar som är så små att det inte längre går att dela dem mer. De kom fram till att den minsta delbara enheten var en atom, vilket betyder odelbar på grekiska. Aristoteles och andra motsatte sig atomteorin och hävdade att materien var oändligt delbar.

I dag vet vi att en sockerbit innehåller ungefär två hundra tusen miljoner biljoner atomer. De kan sedan i sin tur delas upp i mindre och mindre delar. Enligt kvantfysiken består allt, material och immateriellt i grunden av energi.

Energin är konstant, det innebär att den inte kan förstöras och inte heller nybildas. Däremot kan den omvandlas, materian kan ta sig olika uttryck, vatten kan omvandlas till ånga och is osv. Allt som finns i världen består av energi, som existerar i ständig rörelse vilket innebär att allting vibrerar i olika frekvenser.

Frekvensen kan beskriva hur snabbt något vibrerar, ljud är hur våra öron uppfattar en viss frekvens, på samma sätt är det med lukt. Ljuset som kommer in via ögat är olika ljusvibrationer som vi upplever via hjärnan. osv. Frekvens kan också beskrivas som vågor.

13.2 Lagen om vibration

Lagen om vibration innebär att lika frekvenser attraherar varandra. Allt runt omkring oss är en reflektion av de frekvenser som vibrerar inom oss. Ett sätt att förstå tankarna kring lagen om vibration är att tänka på vad som händer när vi söker rätt frekvens på vår radio för att därmed kunna lyssna på vårt favoritprogram eller när du slår ett nummer på din mobil går signalen fram till mottagaren oberoende om vederbörande är i samma rum eller befinner sig på andra sidan jordklotet. Jag har själv sett ett experiment där man la ut salt på en vibrerande metallplatta. De mönster som bildades på plattan varierade beroende på frekvensen metallplattan vibrerade på. På ett stränginstrument kan man se att en sträng som vibrerar på en viss frekvens får till effekt att den sätter andra strängar i vibration. På liknande sätt kan en ton som har en viss frekvens spräcka ett glas.

Dina tankar, som också är energi, påverkas av »lagen om vibration«. Dina övertygelser och dina uppfattningar sänds ut som en radiofrekvens som i sin tur vibrerar med andra frekvenser som också ligger ute i luften. I synsättet kring »lagen om vibration« finns inget negativt eller positivt – den speglar bara vad du tänker och känner och ger dig mer av det. Det gäller därför att komma underfund med vad som är bra för dig.

Enligt det här synsättet har känslor av skam och skuld väldigt låga vibrationer, som ofta innebär att allt känns tungt och besvärligt. Om du däremot har tankar som innebär att din kropp vibrerar i en hög frekvens kommer du att känna att energin expanderar, något som ofta upplevs positivt.

Vi har alla varit med om en situation där vi fått uppleva de spänningar och den skarpa energi som finns i rummet, där två eller flera personer just har bråkat. Likadant om du sitter bredvid en person som mår bra och som är härligt lycklig, kan du känna att du bara vill sitta nära och ta del av den härliga frekvensen som finns i rummet.

Hur kan vi påverka våra frekvenser? Hur byter du frekvens från låga till höga nivåer och på så sätt förändrar ditt sinnestillstånd? Det enkla svaret är en tanke. Det gäller dock att du själv tror på din tanke och kan leva dig in i den.

Det viktiga är att bli medveten om hur dina tankar påverkar ditt liv. Det är lätt att låta sig påverkas av andras negativa inverkan och bli»smittad« av alla tråkiga nyheter som vi tar del av flera gånger per dag.

Rädsla är en stark känsla och innebär ofta att ditt fokus riktas åt fel håll. Din uppmärksamhet och hur du ser på världen kommer att påverka dig i stor utsträckning. När vi spelar golf försöker vi undvika vattenhinder och träd som finns längs banan. Jag har varit med om väldigt många tillfällen där jag träffat en smal trädstam som står ensamt utplacerad på en femtio meter bred fairway. Skulle jag få betalt för att träffa den skulle jag aldrig lyckas. Nu träffar jag den på grund av min rädsla att just träffa trädstammen. Det samma gäller väldigt många som jag spelat tillsammans med. Det vanliga är att vi riktar uppmärksamheten på det vi vill undvika, på samma sätt som vi riktar uppmärksamheten på klippväggen när vi får sladd på bilen i stället för att rikta den mot vägen. Vi dras emot det vi fokuserar på. När vi säger till oss själva att vi inte får missa bussen händer just detta. Vi borde hellre säga att vi ska komma i tid.

Det kan inte nog betonas hur viktigt det är att rikta uppmärksamheten mot det vi vill uppnå i stället för mot det vi vill undvika. Jag vet att det är lättare sagt än gjort.

Vi måste också tro på det vi ska göra. Det räcker inte med att vi vill. Vi uttrycker en önskan om att få ett nytt jobb eller att klara av en målsättning vi satt upp för oss själva. Om vi inte tror på det kommer vi inte heller att klara av det.

Lagen om vibration innebär att allt i grunden är energi som vibrerar i olika frekvenser. Allt som har samma frekvens dras till varandra. När jag reflekterar över den insikten blir jag inte förvånad över hur olika grupperingar dras till varandra på gott och ont.

13.3 Andra världskriget

Det jag själv har funderat på är hur det kommer sig att före och under andra världskriget levde ett antal totalitära diktatorer som Adolf Hitler, Josef Stalin, Benito Mussolini och Hideki Tojo.

Om vi börjar med Adolf Hitler som blivit symbolen för ondskan. Det jag tycker är konstigt är att han lyckades samla så många anhängare kring sig. Man räknar med att mellan 1939 och 1945 ska elva miljoner människor ha dödats av SS och kollaboratörer. Ytterligare 19 miljoner civila och krigsfångar anses ha dött till följd av Hitlers styre.

Josef Stalin, som också levde under den här tiden, beräknas ha mellan två och tre miljoner döda på sitt samvete. Före andra världskriget var han också skyldig till svälten under åren 1930 till 1933 då mer än fem miljoner människor dog.

Benito Mussolini var Italiens premiärminister under åren 1922 till 1943. Den fascistiske diktatorn drömde om att skapa ett italienskt-romerskt imperium kring Medelhavet. Man räknar med att han var ansvarig för 250 000 människors liv.

Hideki Tojo var Japans premiärminister under åren 1940 till 1944. Han var mer eller mindre diktator under andra världskriget. Han drog in Japan i andra världskriget genom att anfalla den amerikanska flottbasen Pearl Harbor i Hawaii. Som premiärminister och överbefälhavare var han oförsonlig när det gällde Japans krigsföring. Man räknar med att han var ansvarig för fem miljoner människors död under andra världskriget.

Det som för mig är så gåtfullt är att de fick så många människor med sig i det som ägde rum. Det kan inte ha varit okänt för den tyska befolkningen att Adolf Hitler bedrev en systematisk utrotning av judar.

Lagen om vibration innebär att lika frekvenser attraherar varandra. Rädsla och otrygghet är en stark känsla. Kan det vara så att det som hände före och under andra världskriget är en reflektion av de frekvenser av vibrationer som sändes ut av starka personligheter under den här tidpunkten?

13.4 Hur djuren reagerade under tsunamin

I nationalparken på Yala på södra Sri Lanka lär inte ett enda djur ha dött trots att vågen trängde över tre kilometer upp på land. Där finns elefanter, leoparder, bufflar, apor och massor av andra vilda djur. Alla verkar ha kommit undan. Troligen kunde de känna av de frekvenser som sändes ut, de har extremt goda sinnen som reagerar på de stimuli som sändes ut genom att marken skakade eller att de kunde höra den annalkande vågen. Genom fötterna känner elefanter av vibrationer i marken och kroppen utgör en stor resonanslåda. Dessutom kommunicerar elefanter med infraljud på långa avstånd. Infraljud är lågfrekventa ljudvågor, under 20 hertz som vi människor inte kan höra.

13.5 Exempel på tankens kraft

Om vi utgår från att allt i grunden är energi som vibrerar i olika frekvenser, accepterar vi också att tankar är energi som blir skapande och påverkas av vad vi tänker. Dina tankar sänds ut som radiofrekvenser som i sin tur vibrerar med andra frekvenser som också ligger ute i luften. Allt som har samma frekvens dras till varandra.

Mitt exempel handlar om hur jag och min hustru funderade på vad som hände med några inspelade berättelser som handlar om Holmöns historia.

För snart 40 år sedan besökte min pappa Åke Sandström som har sitt sommarboende på Holmön. Han visste att Åke var intresserad av berättelser som handlar om Holmöns historia och hur det var att växa upp på ön i början av 1900-talet. Åke började besöka Holmön redan på 1960-talet och blev med tiden intresserad av ön och dess befolkning. Åke var med och grundade Holmöns Båtmuseum för cirka 20 år sedan och har skrivit en del böcker som handlar om öns kulturhistoria och forna vardagsliv. Han brukar också hålla föredrag som handlar om Holmön förr och nu. Pappa föddes 1907 på Holmön och var kvar på ön tills han var 17 år. Den korta tiden till trots hade han många berättelser om hur det var på ön och hur livet kunde te sig vid den tiden. Åke spelade in berättelserna på en ljudkassett.

Både jag och min fru Christina kände till att Åke hade spelat in min pappas berättelser men tänkte inte mer på det. En sommardag i augusti 2021 tog min fru upp ämnet som rörde inspelningarna och funderade på om ljudkassetterna fanns bevarade. Vi pratade då om att på vinst och förlust åka över till Holmön för att förhoppningsvis träffa Åke och stämma av läget. Vi bestämde oss för att åka över en tisdag, men då vi kollat på väderprognosen sköt vi upp besöket till ön. Samma tisdag som vi hade tänkt åka till Holmön fick vi besök av Åke som kom hem till oss. Han hade kollat via nätet var vi bodde och hoppades på att vi skulle vara på plats. Jag kände genast igen honom när vi träffades trots att det hade gått nästan 40 år från att vi senast sågs. Han frågade om vi kom ihåg att han hade träffat min pappa för att göra ljudinspelningarna som handlade om livet på Holmön. Åke berättade då för oss att han tycke att berättelserna var så pass intressanta att han tänkte skriva en bok med stöd från inspelning-arna. Efter Åkes besök tog jag kontakt med min bror Stefan och berättade om besöket och redogjorde för Åkes planer på att utge berättelserna i form av en bok. Då säger min bror att han också börjat fundera på vad som hände med inspelningarna. Stefan hade varit ute på Holmön dagen då inspelningarna ägde rum. Att våra tankar sammanstrålade samtidigt efter 40 år känns som en väldigt intressant händelse. Det kan mycket väl vara en slump att Åke besökte oss, samma dag som jag och min hustru hade planerat åka över till honom för att prata om samma ärende. Det som gör det lite extra spännande är att vi under de 40 åren som passerat inte haft kontakt med varandra.

Den här typen av händelser inträffar lite då och då. En för mig lite annor-lunda händelse inträffade när jag för min arbetsgivares räkning jobbade med en skrivelse som skulle skickas in till en myndighet. Jag hade fastnat och kunde inte komma vidare med mindre än att jag fick kontakt med en »inflytelserik« person i näringslivet som var insatt i frågeställningen. Jag hade bara hört talas om honom men kände honom inte och visste att han var svår att få tag i. Helt plötsligt blir jag kontaktad av vederbörande som via ombud fått höra talas om mitt ärende och var angelägen om att få bistå med sin kunskap.

Senast vi var i Spanien, hade vi besökt Ford Service i Torrevieja och frågat om de kunde beställa några nya dörrlås till bilen. Eftersom det hade gått en tid ville min hustru att jag skulle ringa och kontrollera hur det gick med beställningen. När jag sitter och söker telefonnumret till Ford ringer telefonen och det är från serviceverkstan. Den här typen av händelser har säkert alla varit med om.

Oberoende om du tror att lagen om vibration existerar eller inte vet jag att du måste rikta uppmärksamheten på det du vill uppnå i stället för mot det du vill undvika. När du fokuserar på det du vill ska hända får du om inte annat mer kraft och energi. Du måste vidare tro på att du kommer att lyckas, om du inte själv tror på det kommer du inte heller att få andra med dig. De signaler som du sänder ut påverkas av vad du själv tror på. Därefter krävs handling, i annat fall slutar det med drömmar.

Att fundera över:
- Tror du på teorin att allt, materiellt och immateriellt, i grunden består av energi?
- Tror du på tanken att lika frekvenser attraherar varandra?
- Tror du på tanken att dina övertygelser och dina uppfattningar sänds ut som en radiofrekvens som i sin tur vibrerar med andra frekvenser som också ligger ute i luften?
- Har du själv varit med om en situation där du kommer in i ett rum där två personer precis bråkat, och du känner av spänningarna som finns i rummet och den skarpa energi som råder?
- Tror du på tanken att dina tankar påverkar ditt liv?

- Varför tror du det är så viktigt att rikta uppmärksamheten mot det vi vill uppnå i stället för mot det vi vill undvika?
- Har du själv varit med om en situation där någon du tänkt ringa plötsligt ringer dig?

Egna anteckningar

_____

_____

_____

_____

_____

_____

_____

Att göra:
- Bli medveten om vad du tänker på. Fokusera på det du vill ska hända. Problemet är att många tänker på det de vill undvika. Tänk på det du vill ska hända som om att det redan har hänt. Viktigt att du får en känslomässig koppling till det som du vill ska hända, det förutsätter att du själv tror på det.
- Tänk på något du är tacksam för.

14.0 Hur du får andra att bestämma sig

»Det som är dumt att sälja, är inte dumt att köpa.«
(Afrikanskt ordspråk)

14.1 Begränsa valmöjligheten

Ibland kan det vara praktiskt att veta hur man gör för att få andra att bestämma sig. Barry Schwartz är en amerikansk psykolog som har studerat kopplingen mellan ekonomi och psykologi. Han har skrivit en bok som handlar om valfrihetens paradox. Det första du måste göra är att begränsa den andra personens valmöjligheter innan du presenterar dem för vederbörande. Den vanliga föreställningen är att ju fler alternativ du ger en person desto större är möjligheterna att hen hittar det som passar. I själva verket är det tvärtom! Om du öppnar upp med för många valmöjligheter är risken stor att inget av alternativen väljs. Känslan av att välja fel blir för stor och det troliga är att den som ska välja skjuter upp sitt beslut.

Barry Schwartz ger ett exempel som handlar om pensionssparande. Samhället ville att medborgarna på frivillig basis skulle pensionsspara. För att skapa ett brett utbud kunde den enskilde välja mellan 50 olika pensionsfonder. Problemet var att utbudet blev för stort, den enskilde visste inte hur man skulle välja och drog därför på beslutet. När utbudet reducerades till 5 pensionsfonder ökade sparandet rejält. Han berättar också hur ställd han blev när han skulle köpa ett par nya jeansbyxor. Tidigare fanns det bara en sort att välja på, nu när han skulle köpa nya byxor var utbudet oändligt. Även om han troligen köpt sig ett »bättre« par jeans som var mer anpassade för honom var han mer missnöjd. Tidigare hade han inte några förväntningar, nu fanns det hur många val som helst som ledde till att han började fundera på om han valt rätt.

Färre möjligheter innebär snabbare beslut och mindre risk för att den som tar beslutet kommer att ångra sig. Med allt för stort utbud ökar risken för att det inte tas några beslut alls. Med det stora utbudet följer höga förväntningar, när vi gjort valet börjar vi ifrågasätta våra val. Jag minns i min ungdom när tv kom. Då fanns det bara en kanal, när det gällde telefoni fanns inga val, samma när det gällde elleverantör, skola osv. När du i dag ska köpa en kopp kaffe får du välja mellan caffé latte, caffé macchiato, cappuccino, caffé americano, caffé coretto med mera, på samma sätt är det med det mesta som ska införskaffas. Barry Schwartz menar att alla val vi tvingas göra dagligen blir förlamande och utmattande för det mänskliga psyket. Reducera därför antalet val när du vill få fram ett beslut som ska tas. Kan vara på din arbetsplats eller privat.

14.2   Det råder brist på varan

Av egen erfarenhet vet jag att intresset ökar när det råder brist på en vara. Jag har själv varit med om att som personalchef ha fått erbjudanden från olika kursarrangörer att skicka kursdeltagaren på utbildningar för att på så vis utvärdera dem som leverantörer. När ett sådant erbjudande presenteras brukar det vara svårt att hitta någon som är beredd att delta i utbildningen. Om förslaget i stället presenteras med att vi bara kan skicka en deltagare ökar intresset kraftigt. Då uppstår ofta en viss irritation över orättvisan, varför det »bara« är en som får gå utbildningen. Ännu mer konkurrens om utbildningsplatsen uppstår om erbjudandet presenteras med att vi nu har möjlighet att skicka en deltagare till några kursdagar som är prissatta till 50 000 kr.

Vi sätter högt värde på sådant som det är ont om. Det är därför guld och diamanter är så eftertraktade, det finns bara i en begränsad mängd. På samma sätt ökar intresset om du får veta att du bara kan genomföra köpet i dag eller den här veckan. Sedan försvinner möjligheten.

Jag minns ett annat tillfälle när företaget jag jobbade på skulle sälja en industrilokal som stod tom på en mindre ort i Norra Sverige. När vi via en mäklare utannonserade objektet, var ingen intresserad. Det tog lång tid innan det kom en spekulant, när mäklaren fick veta vem som lämnat budet meddelade han oss om att spekulanten var på obestånd och inte hade möjlighet att genomföra köpet. När det efter några dagar blev känt att det fanns en spekulant ökade intresset och det kom flera bud. Det hela slutade med en budgivning som resulterade i att industrilokalen såldes till ett högre pris än vi hade förväntat oss. Det var först när någon började visa intresse som de övriga intressenterna anslöt sig.

14.3 Reflektion

Om du vill snabba upp en beslutsprocess, se till att begränsa valmöjligheterna för den som ska fatta sitt beslut. Det innebär också att den som tar beslutet kommer att vara mindre benägen att ångra sig.
Sedan vet vi att intresset ökar om det visar sig att fler är intresserade av samma objekt.

Att fundera över:

- Tror du på tanken att det är bättre att begränsa valmöjligheten i samband med ett beslut?
- Varför tror du risken för att köparen ångrar sig om det finns för många alternativ att välja mellan?
- Varför tror du risken ökar för att det inte tas några beslut om utbudet är för omfattande?
- Varför tror du intresset ökar när det råder brist på varan?

Egna anteckningar

_____

_____

_____

_____

_____

_____

_____

Att göra:

- När du ska lägga fram ett beslutsärende, se till att reducera valmöjligheten innan beslutet tas. Meddela också att det finns en begränsning. Kan vara att erbjudandet enbart gäller för en viss tid. Kan också vara att det råder brist på varan som ökar vår längtan att förvärva sådant som inte alla kan förvärva.

15.0 Vd för ditt eget liv

» Sjömannen ber inte om medvind, han lär sig segla.»
(Gustaf Lindborg)

I min tidigare bok tog jag upp ämnet »Ditt personliga varumärke«. Ditt personliga varumärke har stor betydelse för dig. Det avgör om kunderna lyssnar på dig och får förtroende för dig eller inte. Det professionella ryktet går alltid före individen själv och avgör vem andra människor rekommenderar och väljer. Jag väljer nu att lyfta ämnet från en annan vinkel som bygger på tanken att du är vd för ditt eget liv.

Begreppet »vd för ditt eget liv« föddes av Tom Peters. Han är författare för 18 managementböcker och ett antal olika artiklar, »In search of excellens« är den mest kända, vidare är han en erkänt duktig föreläsare. Tanken om att du är vd för ditt eget liv har också tagits upp av Kjell Enhager under begreppet »Jag AB«. Det har nu blivit en ganska vanlig liknelse för olika föreläsare som pratar om personlig utveckling.

Hur vi än ser på det hela är det bara du själv som kan ta ansvar för ditt eget liv. Det är bara du själv som bestämmer hur du bemöter andra, vilka beslut du tar, vad du vill att ditt liv ska innehålla. När du inte tar ansvar för ditt eget liv, även om du skyller på andra, slår det tillbaka på dig själv. Du får ta och leva med konsekvenserna.

Om du sätter dig in i tanken att du är vd för ditt eget liv i liknelsen med ett företag. Du är inte bara vd. Du är också styrelseordförande och är därmed beslutsför för ditt eget företag. Det som är intressant med liknelsen är att det ger ett spännande perspektiv på din situation.

En intressant fråga är då hur du jobbar med företagets kompetensutveckling och det löpande underhållet? Hur tar du hand om dig själv? Kommer företaget att vara konkurrenskraftig på marknaden? Vilka är dina viktigaste kunder? Om vi antar att det är dina nära och kära. När du kommer hem på kvällen efter en lång arbetsdag och är helt slut, hur bemöter du dina viktigaste kunder? Om du inte sköter om kunderna på ett bra sätt och det pågår under en längre tid, ökar risken för att din viktigaste kund söker sig till en ny leverantör med bättre produkter.

Har du gjort någon marknadsundersökning bland dina kunder? Kan vara dina barn i det när fallet. Har du pratat med dina barn om vilka förväntningar de har på dig? Om du frågade dem om hur du fungerar som leverantör, vad skulle du vilja att de svarade? Vad skulle du vilja att dina andra viktiga kunder skulle säga om dig som leverantör, som i det här fallet skulle kunna vara nära släktingar och vänner? Vad skulle du vilja att de säger?

Att fundera över:

- Hur jobbar du med ditt eget ledarskap?
- Vad blir ditt nästa steg i att utveckla ditt personliga ledarskap?
- Vad behöver du börja med?
- Vad behöver du sluta med?
- Hur disponerar du din tid?
- Hur ser dina prioriteringar ut?

Egna anteckningar

_____

_____

_____

_____

_____

_____

_____

Att göra:

- Gör en marknadsundersökning bland dina viktigaste kunder.